SCIENTIFIC MANAGEMENT 보정판

── 과학적 관리의 원칙 ──

F.W.Taylor 저 / 박진우 역주

박영사

과학적 관리와 4차산업혁명 시대의 대한민국

1960년대 초까지 세계에서 가장 가난한 나라 중의 하나였던 대한민국이 이제 세계에서 7번째로 강한 나라, 즉 인구 5천만을 넘으면서 일인당 국민소득이 3만 달러에 이르는 3050클럽에 가입한 국가로 성장하였습니다. 2020년을 기점으로 우리 앞의 여섯 국가는 2차 세계대전의 주역 국가들인 미국, 영국, 프랑스, 독일, 일본, 이태리뿐입니다. 개발도상국의 부러움을 사고 있는 이러한 성장이 가능하게 된 배경이 1970년대부터 시작된 산업화 그리고 수출을 통한 경제발전이라는 것은 자타가 공인하는 사실입니다.

1990년경 일본 기업들은 전세계 기업들을 선도하며 부러움의 대상이었습니다. 특히 토요타 자동차 사의 TPS(Toyota Production System)는 학술적 연구 대상이 되어 '린(Lean)생산시스템'이라는 용어까지 탄생시켰지요. 사실 TPS는 본저의 원저자인 테일러의 '과학적 관리'를 기초로 만들어진 것이라고 생각할 수 있습니다. TPS는 포드자동차에서 영감을 얻었고 헨리 포드는 테일러를 통해 개선의 아이디어를 얻었기 때문이지요. 포드는 노동자 임금을 두 배로 올려주면서도 자동차 가격을 절반 이하로 낮추었고, 거의 100년 전인 1926년에 노동자의 25% 이상이 자가용을 보유하고 업계 최초로 주 5일

근무를 시작하는 회사로 만들었습니다. 영국은 1965년에야 이러한 근로자의 복지 수준에 도달하였다고 하는데 사실은 이것이 바로 2차대전 이후 미국이 세계 패권국가로 등장할 수 있었던 배경이기도 합니다. 이와 같이 기업의 생산성 혁신은 국제관계의 판도까지 바꿀 수 있습니다. 지금도 '과학적 관리의 원칙'을 받아들이고 소화시켜 기업의 DNA에 내재시킨 극소수 국내기업들은 오히려 일본기업을 능가하는 성취도를 보여주고 있습니다.

그러나 아직 우리나라는 지금까지의 성취에 자만할 때가 아닙니다. 유엔산업개발기구(UNIDO)의 국가별 제조업 경쟁력 지수(CIP)에 따르면 대한민국의 제조업 경쟁력 순위는 2015년부터는 후발 개발도상국인 중국에 뒤쳐지기 시작했고 조만간 인도나 브라질 등 후발국가에도 밀려날 것으로 예상되고 있습니다. 한국경제신문에 2017년 10월 발표된 기사에 한국생산성본부의 조사자료가 언급된 적이 있는데 우리의 노동생산성은 OECD 35개국 중 28위 수준으로서 거의 바닥 수준이고 특히 중소기업의 노동생산성은 그리스나 헝가리 수준에도 못 미친다고 합니다.

독자 여러분은 이러한 의문을 가질 것으로 생각됩니다. "왜 생산성이 낮을까?", "도대체 해결 방법은 있는 것일까?" 지난 수십 년 간 국내뿐 아니라 미국, 일본, 유럽 각국의 중소·중견 제조 현장을 다수 둘러볼 수 있었던 필자의 견해로는 이러한 문제를 충분히 해결할 수 있다고 믿습니다. 단, 우리가 놓치고 있던 부분을 해결해야 합니다. 아직도 우리나라의 생산현장에서 일하는 근로자들 중 상당수는 생산성 향상이라는 단어 자체를 싫어합니다. 어떤 대기업의 경우 특정 모델의 주문이 폭주해서 잔업으로도 주문을 다 처리 못할 상황이라 옆 라인의 인원을 특근수당으로 일하도록 해보려고 해도 노조가 반대해서 주문량을 다 처리하지 못하였다는 것이 최근까지도 신문에 보도되고 있습니다. 이것이 현실입니다. 그러나 테일러 시스템을 도입한 국가들은 이러한 문제를 100년 전부터 해결하여 왔습니다.

영문 위키피디아에서 경영컨설팅(Management Consulting)을 찾아보면 세계 최초로 경영컨설팅을 시작한 사람은 테일러(F. W. Taylor, 1856~1915)라고 명시하고 있습니다. 본저에 나오는 것과 같은 맥락으로 그는 1912년 미국의 국회 청문회에서 미국을, 아니 세상을 바꾼 유명한 이야기를 합니다. "본인이 컨설팅에 종사한 수십 년 동안 5인 이상이 동일 업무에 종사하고 있는 현장에서 최선을 다하여 최고의 생산성으로 일하는 노동자를 한 번도 본 적이 없습니다. 그 이유는 크게 두 가지인데 첫째 이유는 생산성을 올릴 경우 해고될 걱정때문에 최선을 다하지 않습니다. 둘째 이유로 현장에서는 일 더 잘하는 방법을 모르기 때문입니다"라고 주장하였습니다.

바로 그렇습니다. 테일러가 활동하였던 1890~1910년경 미국은 이민노동자들이 유럽에서 쏟아져 들어오던 시기였습니다. 고용주들은 필요치 않은 노동자는 바로 해고시키고 또 다른 노동자들을 언제든지 새로 고용할 수 있었기 때문에 노사관계는 매우 적대적이었습니다. 이러한 시기에 테일러는 '지속적 업무개선을 통해 생산성을 올리고 노사간 화합을 통해 파이를 키우고 그 과실을 나누면 노사 모두가 좋은 관계를 유지하면서 같이 크게 번영할 수 있다'고 주장했습니다. 그러면서 자신이 관여한 수많은 기업들 중 노사분규가 발생한 공장은 하나도 없었고 회사와 노동자 모두가 성장하고 발전했다고 주장하였습니다. 특히 노동자들은 봉급인상과 함께 더 높은 직급으로 발전할 수 있었다고 자료를 통해 청문회에 보고하였고 또 청문회에 참석한 일부 노동자 증인들에 의해 입증되었습니다. 이러한 테일러의 청문회는 신문 지상을 통해 미국 전역에 알려졌던 것입니다.

역자가 2015년~2017년 단장으로서 관여하였던 '(재)민관합동 스마트공장 추진단' 사업1)에서 가장 역점을 둔 부분도 기본은 '테일러 시스템'2)에 근간을 두고 있었습니다. 사업의 착수 이전에 최고경영자 설득을 먼저 시도하였습니다. "스마트공장은 인간공학뿐 아니라 최신의 자동화 및 정보통신 기술을 활용하기 때문에 생산성을 올리는 것 자체는 그다지 어려운 일이 아닙니다. 그러나 생산성이 올랐다고 자연이직 외에는 직원을 해고하면 안 됩니다. 왜냐하면 그 다음부터는 지속적 생산성 향상을 위한 노력에 현장 근로자의 협조를 얻지 못할 것이기 때문입니다. 해고할 것이 아니라 새로운 기술을 습득하도록 교육기회를 주십시오"라고 최고경영자를 설득하고 이러한 약속을 지키는지 확인하기 위해 본문의 테일러의 사례 중 볼 베어링 검사작업과 같이 랜덤 샘플링에 의한 피드백 시스템을 유지했습니다. 특히 자동화나 정보화는 노사관계가 안 좋을 경우 너무도

---

1) 문재인 정부 출범 이후 주관부처가 산업통상자원부에서 중소기업부로 이관되고 '스마트 제조혁신 추진단'으로 명칭이 바뀌어 유사 사업을 지속하고 있습니다.

2) 세간에서는 약칭 '테일러 시스템'으로 불리고 있었습니다만 테일러 자신은 자신이 관여한 경영시스템이 그렇게 불리는 것을 매우 쑥스러워했습니다. 그러한 명칭으로 불리게 되면 이러한 경영 시스템이 사실은 여러 사람의 노력으로 이룩된 것이며 더욱이 보다 나은 경영시스템을 개발하기 위한 여러 사람의 숭고한 노력과 선의의 동기를 훼손할까 두렵다고 청문회에서 이야기합니다.

쉽게 망가질 수 있음을 최고경영자에게 설득하였습니다. 그리고 품질, 원가, 납기 준수, 생산성 향상 및 현장 직원들의 높은 호응도를 눈으로 보여주었습니다. 일부 사업의 경우 투자비를 1년 안에 회수하거나 3배 이상의 생산성 향상도 가능함을 입증해 보였습니다.

본 역자는 이제 4차산업혁명 시대에 대한민국이 여타 개발도상국의 도전을 뿌리치고 경쟁력을 유지하기 위해서는 2차산업혁명 시대 생산성 혁명의 요체인 테일러의 과학적 관리를 소화·흡수하여 완전히 우리의 것으로 만드는 것이 선결과제라고 믿습니다. 테일러는 1911년의 청문회에서 '과학적 관리(Scientific Management)'에서 기법은 전혀 중요한 것이 아니며 그 요체는 정신혁명, 즉 '경영자 그리고 근로자의 정신혁명' 바로 '공동의 노력으로 생산성을 향상시킴으로써 노사의 공동번영이 가능하다는 정신혁명'이라고 여러 번 강조하였습니다. 바로 그렇습니다. 현재 대한민국에 가장 필요한 부분은 바로 이같은 정신혁명이라고 본 역자는 굳게 믿고 있으며 본 '과학적 관리의 원칙'의 독자들을 통해 대한민국에 또 한번의 도약의 기회가 도래하기를 희망하고 있습니다.

2020년 4월
박진우

역자 서문

너무 늦은 감이 있습니다. 사실 기계의 발명에 버금갈 정도의 위대한 업적이라고까지 칭송받는, 19세기 말 새로운 경영관리 기술의 요체인 테일러의「과학적 관리의 원칙」은 정말 진작에 번역되었어야할 중요한 책이라고 생각됩니다.

본 역자가 테일러의 원 저작을 처음 접하게 된 것은 십여 년 전 유학 시절, 읽기 과제로 부과되어 도서관에 비치된 여러 권의 책 중에서, 우연히 그의 저서를 선택한 데에서 기인합니다. 이 책을 읽은 후, 그 내용이 역자의 한국공장에서의 직장 경험에 비추어 너무도 공감되는 곳이 많음에 크게 감명을 받아, 부족한 학자금을 쪼개어 이 책을 우편 주문하였던 기억이 아직도 생생합니다. 그 후 모국에 귀국하여 작업관리 분야의 과목을 가르치면서, 이 책의 내용을 학생들에게 많이 인용하여 가르친 바도 있습니다. 물론 우리나라에 테일러의 저작들의 번역본이 없다는 것은 알고 있었습니다마는, 80여 년 전에 출판되었던 책을 번역하겠다는 것은 엄두를 내지 못하고 있었습니다.

그럼에도 불구하고 이 책의 번역에 착수하게 된 것은 테일러의 과학적 관리를 이해함이 없이는 선진화된 관리시스템을 구축할 수도 없으며 우리가 선진국으로 진입할 수도 없겠다는 것을 확신하였기 때문입니다. 즉 산업체 뿐 아니라 가정, 농촌, 목장, 무역회사, 교회, 자선단체, 학교, 병원, 정부기관 등 과학적이고 합리적인 관리를 필요로 하는 모든 시스템에서 테일러의 과학적 관리의 아이디어를 활용할 때 비로소 우리 사회의 생산성은 획기적인 상승을 이룩할 수 있을 것이며, 그 이후에야 요즈음 한창 언급되고 있는 일본식 경영이나 '기업 재편성(Business Restructuring)' 또는 '기업 재설계(Business Reengineering)'도 적용 가능할 것이라고 확신하게 되었기 때문입니다.

더군다나 1988년 외국의 모 잡지를 통하여, 일본에서 경영의 귀재로 알려진 마츠시타 고노스케(송하 행지조)씨가 돌아가기 전에 하였다는 다음과 같은 말을 접하게 되었습니다.

"미국의 회사들은 테일러 시스템에 근거를 두고 있다."

"미국사람들은 테일러 화된 고정 관념에 의거하여 경영진은 생각하고 작업자는 경영진의 아이디어를 실천하는 경영시스템을 바탕으로 깔아두고⋯."

"우리 일본은 테일러의 단계를 뛰어넘었다. 우리는 기업환경이 끔찍스럽게도 복잡해졌고, 위험과 불확실성과 경쟁으로 가득 채워지고 있음을 알고 있다."

"이러한 기업 환경 하에서 기업의 생존은 매우 불투명하다. 따라서 기업이 생존하기 위해서는 모든 종업원의 지속적이고도 적극적인, 신명을 바친 협조가 요망된다. 우리에게 있어서의 경영이란 전체 종업원의 지적능력의 총결집체 ― 인간이 스스로 만들어 놓은 직능이나 계급의 벽이 없는 ― 인 것이다."

사실 역자는 그 같은 기사를 읽고 무척 놀랍다는 생각을 하게 되었습니다. 마츠시타씨가 테일러씨가 살았던 시대 배경이나 그의 사상을 완벽히 이해하고 한 발언이라고 생각되지는 않지만, 마츠시타씨의 지적 — 즉 노사 간 구분이 없는, 종업원 전체의 지적능력의 결집체를 경영철학으로 하는 기업이 제조업 전쟁에서 이긴다는 — 은 전적으로 공감이 가는 말입니다. 그런데 산업공학을 전공하는 입장에서, 또 테일러 시스템의 내용을 가슴 깊이 새겨두고 있던 역자의 입장에서 정작 놀라웠던 것은 마츠시타씨의 테일러 시스템에 대한 지식이 상당히 높은 수준에 있다는 데에 있었습니다. 이 의문은 추후 다른 경로를 통하여 풀리게 되었습니다. 즉 테일러의 역저 「과학적 관리의 원칙」은 2차대전 이후, 일본에서 번역되어 그 후 10년간 일본 내 경영, 경제 분야의 베스트셀러 중의 하나였다는 사실을 알게 되었습니다. 패전국의 국민으로서 승전국의 경영시스템의 핵심요소가 담겨진 저작이 전후 일본의 지도층이나 일반 국민에게 얼마나 강한 인상을 심어주었는지 가히 짐작할 만한 것이 아니겠습니까?

마츠시타씨의 기사와 관련하여 필자를 매우 안타깝게 만든 것은 그같은 기사를 읽고 그 의미를 참으로 이해할 수 있는 우리의 경영인이 얼마나 될까 하는 곤혹스러움이었습니다. 즉 테일러화되었다의 의미를 제대로 이해하고 있는 우리의 관리자는 얼마나 될까? 하는 안타까움이었습니다. 물론 이미 일본사람이 자칭 뛰어넘었다는 테일러 시스템을 이제야 우리가 공부하여 무엇하겠는가? 곧장 테일러 시스템을 뛰어넘었다는 일본의 관리시스템을 배우면 되지 않겠는가? 하는 의문을 가지신 분도 많을 것으로 생각됩니다. 테일러 시스템을 뛰어넘는 한국형 관리시스템을 곧바로 우리가 개발할 수 있다면 얼마나 좋겠습니까? 하지만 노사관계나 민주화 과정 등의 경험을 통하여 볼 때, 새로운 것은 옛 것을 경험하지 않고는 창조될 수 없다는 것을 과거의 역사는 되풀이하여 가르쳐 주고 있습니다.

산업공학 분야의 대선배이신 이면우 교수께서는 그의 역저 「W

이론을 만들자」에서 미국을 소에, 일본을 그 소의 머리맡에 앉은 쥐에 비유하시고, 우리나라를 그 쥐의 콧등에 앉은 벌이 되자고 역설하셨습니다. 본 역자는 우리가 벌이 되기 위해서는 소나 쥐를 아는 것이 절대적으로 필요하다고 생각하며, 테일러의 아이디어를 이해하는 것이 소나 쥐를 이해하는 첫걸음이라고 생각합니다. 즉 ㄱ, ㄴ을 모르고는 글을 쓸 수 없듯이 우리 기업이 아니 우리 사회가 이 테일러의 아이디어를 완전히 소화하지 않고는, 미국이나 서방국가, 나아가서는 일본의 경영도 이해하기 힘들지 않을까 생각합니다. 사실 일본사람들이 그토록 자랑하는 카이젠(개선)도 그 원천은 바로 이 테일러의 아이디어에 있음을 이 책을 읽으신 후에는 이해할 수 있을 것입니다. 또한 테일러의 아이디어는 쓰레기 수거업무에서부터 택시회사의 노사분규에 이르기까지 우리 사회의 많은 현안 문제들에 대한 좋은 해결책을 제시해줄 수 있다고 본 역자는 확신하고 있습니다.

'옛 것을 익혀 새것을 안다'(온고이지신)는 관점에서라도, 테일러의 업적을 이해하고 이를 소화하는 것이 한국적 관리 시스템을 구축하는 데 도움이 될 수 있으리라는 소망에서 감히 본서의 번역에 착수하게 되었습니다. 사실 본 역자는 이미 고전이 되어버린 테일러의 저서가 서기 2,000년을 바라보는 시대를 살고 있는 우리에게 어떤 감흥을 줄는지는 전혀 짐작할 수 없습니다. 다만 본인의 부족한 능력으로 테일러씨의 원래의 의도가 잘못 전달되지 않기만을 간절히 바랄 뿐입니다. 특히 테일러씨가 살던 19세기 말엽의 시대는 제국주의가 팽배하고 인간 개개인의 존엄성이 무시되던 시대였습니다. 일부 독자께서는 테일러씨의 근로자들에 대한 직설적인 표현에 거부감을 느끼실 수도 있으리라고 생각합니다마는 그 시대는 고등교육이 보편화되지도 못하였었으며, 서구사회의 직업에 대한 편견 없는 가치관에서 나온 표현임을 이해하여야 할 것으로 생각합니다. 본 역자는 테일러씨의 본 뜻은 사회의 각 구성원이 제각각 자기 분야에서 최고의 수준으로까지 자기 자신을 개발함으로써 행복하고 풍요로운 사회를 이룩하자는 데에 있었다고 믿고 있습니다.

번역 프로젝트에 착수하고도 많은 시간이 흘렀습니다. 그동안 작업관리 과목의 과제물을 통하여 본서 번역의 필요성을 더욱 일깨워준 서울대학교 산업공학과 89−91 학번 학생들에게, 그리고 책의 완성과정에 많은 도움을 주신 박영사 직원 여러분께 감사드립니다. 또한 역자가 본서의 번역에 착수하였음을 듣고 격려를 아끼지 않으신 서울대학교 산업공학과의 선배, 동료 교수 분들께도 감사의 말씀을 드리고 싶습니다. 끝으로 매주말 아빠의 워드프로세서 작업을 위해 컴퓨터를 양보해준 천강, 천호에게, 그리고 본서의 첫 번째 독자가 되어준 안사람에게, 또 부모님께 사랑과 존경의 말씀을 전하고 싶습니다. 모든 일이 하나님의 뜻 안에서 이루어짐에 감사드립니다.

1993년 10월 9일
역자 씀

머리말

　백악관에서 주지사들 앞에서 행해진 연설에서 루즈벨트 대통령*
은 다음과 같은 예언적 언급을 한 바 있다. "미국의 자연자원의 보존
이라는 문제는 국가적 효율성이라는 큰 문제에 비하면 다만 문제의
시작에 불과합니다."

　그 후, 나라 전체가 우리의 물질자원 보존의 중요성을 인식하고,
이 같은 목적을 달성하기 위한 커다란 운동이 전개되기 시작하였다.
그러나 우리는 "우리의 국가적 효율성 제고라는 큰 문제"의 중요성
에 대하여는 다만 막연하게만 인식하고 있다.

　우리는 우리의 숲이 사라지거나, 수자원이 낭비되거나, 옥토가 홍
수로 인해 바다에 쓸려들어 가는 것을 눈으로 볼 수 있다. 그리고 우
리의 석탄이나 철광석이 고갈되어 가는 것도 볼 수 있다. 그러나 더
큰 낭비인 인간 노력의 낭비 즉 실수 또는 잘못 지시되거나 비효율
적인 우리의 행동으로 인하여 매일매일 진행되는 인간 노력의 낭비
— 루즈벨트 대통령이 국가적 비효율성이라고 언급한 바 있던 — 는
눈에 잘 뜨이지도, 잘 잡히지도 않은 채 다만 막연하게만 인식되고
있다.

　우리는 구체적 사물의 낭비에 대하여는 볼 수도 느낄 수도 있다. 그

---

* 1901~1909년 미국 대통령이었던 시어도어 루즈벨트 대통령.

러나 어색하고, 비효율적이고, 잘못 지시된 사람의 동작은 잘 눈에 뜨이지도 않고 느낄 수도 없다. 이 같은 낭비를 인식하기 위해서는 상상력과 기억력을 동원하여야 한다. 그리고 바로 이 같은 이유 때문에, 일상생활에서 물질적 낭비보다는 동작의 낭비가 훨씬 더 큼에도 불구하고, 동작의 낭비는 물질적 낭비만큼 크게 우리에게 와닿지 않는 것이다.

아직은 '국가적 효율의 증대'에 대한 여론이 형성되어 있지 못한 까닭에 어떻게 이를 시작할 것인가에 대한 어떠한 모임도 소집된 바 없다. 그리고 효율증대에 대한 필요성을 절실히 느끼는 것과 같은 징후도 없다.

큰 회사의 사장에서부터 각 가정의 가정부에 이르기까지 더 훌륭하고 유능한 사람을 찾고자 하는 노력이 지금과 같이 활발한 적은 없었다. 그리고 앞으로도 점점 더 능력있는 사람에 대한 수요는 공급을 초과할 것이다.

그러나 우리는 보통 어느 누군가의 훈련을 통하여 이미 능력을 갖춘, 즉 곧장 쓸 수 있는 유능한 사람만을 찾는다. 그러나 우리는 이같이 다른 누군가가 이미 훈련시켜 놓은 사람을 찾는 것보다, 이같이 유능한 사람을 길러내기 위해서 사회 전체가 조직적으로 협력하는 것이 우리의 의무이자 또한 우리의 기회임을 충분히 인식한 후에야 비로소, 국가적 효율성을 증대시키기 위한 장도에 오를 수 있을 것이다.

"산업체의 우두머리는 길러지는 것이 아니라 선천적인 것이다"라는 것이 과거의 지배적인 견해였다. 그리고 "만약 적절한 인재를 구할 수 있다면, 일을 하는 방법은 그에게 전적으로 일임하는 것이 옳다"라는 이론이 지배적이었다. 그러나 미래에는 이들 우두머리는 좋은 능력을 타고나야 할 뿐만 아니라 또한 올바르게 훈련받아야 된다고 인식될 것이며, 그 어떤 훌륭한 사람도 과거식의 혼자하는 경영 방식으로는, 능률적으로 협력할 수 있도록 잘 조직된 보통 사람 여럿을 당해낼 수 없을 것이다.

과거에는 사람이 첫째였다. 미래에는 시스템이 우선하여야 한다. 물론 이것이 위대한 사람은 필요치 않다고 주장하는 것은 결코 아니다. 오히려 그 반대로 좋은 시스템이란 일류의 인재를 개발하는 것을 그 첫 번째 목표로 두어야 한다. 그리고 체계적인 경영시스템 하에서는 유능한 인재는 과거보다 더 확실히 더 빨리 높은 직위에 오르게 될 것이다.

이 글은 다음과 같은 목적으로 쓰여졌다.

첫째, 우리의 거의 모든 일상생활에서 발생하는 비능률에 의하여 나라 전체가 입는 크나 큰 손실을, 간단한 일련의 사례를 통하여 지적하고자 한다.

둘째, 이 같은 비능률을 치유하는 방법은 어떤 보기 드문 비상한 인재를 찾는 것보다, 체계적 관리시스템을 수립하는 데에 있다는 것을 독자들에게 납득시키고자 한다.

셋째, 최선의 경영은 명백히 정의된 법칙, 규칙, 원칙을 기반으로 하는 진정한 과학이라는 것을 입증하고자 한다. 그리고 더 나아가서는, 과학적 관리의 기본원칙은 가장 간단한 개인동작에서부터 가장 정교한 협력을 요하는 대회사의 주된 업무에까지, 모든 인간활동에 적용될 수 있음을 보여주고자 한다. 그리고 만약 이 원칙들이 올바르게 적용되기만 하면 진정 놀라운 결과가 뒤따른다는 것을 일련의 사례를 통하여 독자들에게 간략히 납득시키고자 한다.

원래 이 글은 미국 기계공학회에 발표하기 위해서 준비된 것이다. 따라서 이 글에 등장하는 사례들은 산업체나 제조업체의 엔지니어나 경영자들 그리고 종업원들의 마음에 특히 와닿을 것으로 믿는 바이다. 그러나 한편으로는 이들 원칙들은 가정이나 농촌, 농장의 활동이나, 무역업무, 교회, 자선단체, 대학교, 정부기관의 업무 등 모든 사회활동에도 똑같이 적용될 수 있음을 모든 독자들에게 명확히 보여줄 수 있기를 바란다.

후레드릭 윈즐로 테일러

차 례

제 1 장

과학적 관리의 기본철학

제 1 장
과학적 관리의 기본철학

대원칙 – 노사의 공동번영은 서로의 진정한 협력에 의해서만

경영의 주목적은 피고용인, 즉 근로자와 더불어 사용주에 대하여 최대한의 이익을 보장하는 것이다. 여기서 '최대이익'이라는 말은 회사 또는 사용주에 대한 이윤의 극대화 뿐 아니라 그 기업체의 모든 분야에서의 상태를 최고의 수준으로 유지함으로써, 그 회사의 번영이 지속적일 수 있어야 한다는 넓은 의미로 사용되었다. 마찬가지로 근로자에게 있어서의 최대이익은 그와 유사한 직무등급의 사람들이 일상적으로 받는 것보다 높은 급료를 받고, 보다 중요하게는 개개인의 발전을 가장 효율성 있게 도모함을 의미한다. 그래서 일반적으로는 자신의 적성에 맞는 분야에서 최고 수준의 일을 할 수 있게 되는 것을 뜻한다.

근로자와 사용주의 최대이익은 경영의 두 가지 주된 목적이어야 하고, 사실 이들 두 가지 목표가 중요하다는 것은 이를 새삼스럽게 말하는 것조차 불필요할 정도로 명백하다. 하지만 산업사회 전체에 걸쳐 대부분의 사용자와 노동자 조직은 평화보다는 분쟁 중에 있고, 아마도 양측의 대부분은 그들의 상호관계를 조정하여 서로의 이익을 실현할 수 있다는 것을 믿지 않는 듯하다.

이들의 대부분은 사용자와 노동자의 기본적인 이해관계가 필연적으로 대립관계에 있다고 믿는다. 반면에 '과학적 관리'는 양측의 진정한 이익은 하나이고, 그 이해관계 또한 동일하다는 강한 확신을 기본적으로 가지고 있다. 즉 사용자의 장기적인 이익은 노동자의 이익을 수반하지 않고는 결코 존재할 수 없으며, 노동자의 장기적인 이익도 사용자의 이익을 수반하지 않고는 존재할 수 없다는 것과, 그리고 노동자에게는 그가 가장 원하는 것 – 높은 급료 – 과 사용자에게는 그가 가장 원하는 것 – 낮은 노동비용– 을 보장할 수 있다는 확신을 그 전제로 한다.

이러한 것들에 공감하지 않는 사람들은 앞으로 이 글을 읽음으로써 자신의 견해를 변경할 수 있을 것으로 기대된다. 가급적 적은 임금으로 가능한 한 많은 일을 시키고자 하는 자세를 가진 고용주들은 노동자들에 대한 보다 너그러운 정책에 의해 더 나은 이익을 얻을 수 있도록 이끌어질 수 있다. 그리고 사용주들의 공정한 이윤을 불만스럽게 생각하는 노동자들, 자신의 노동에 대한 모든 열매가 자신에게 속해야 한다고 느끼는 노동자들, 사업주 또는 사업에 투자된 자본이 사업이익에 대하여 거의 또는 아무런 권리가 없다고 느끼는 노동자들은 이러한 견해를 바꾸도록 이끌어질 수 있다.

혼자서만 일할 경우에는 그 개인이 가장 능률적인 상태에 도달할 때에만이, 다시 말하면 그가 결국 매일매일 최대한의 생산을 할 때에만 최대한의 이익을 얻을 것이라는 것을 부정하는 사람은 아무도 없다.

이러한 견해의 진실성은 두 사람이 함께 일하는 경우에도 명백하다. 만일 당신과 당신의 고용인이 아주 숙련되어 하루에 두 쌍의 신발을 만들어낼 수 있고, 반면에 당신의 경쟁자와 그의 고용인이 겨우 한 쌍의 신발만을 만들어낼 수 있다면, 두 켤레의 신발을 판매한 후의 당신은 한 켤레의 신발만을 판매한 당신의 경쟁자보다 더 많은 급료를 고용인에게 줄 수 있으면서도 더 많은 이윤을 얻을 수 있다는 것은 명백하다.

보다 복잡한 제조업의 경우에, 인간의 노력과 자연자원, 기계나 건물 등 자본의 여러 비용을 덜 사용할 때에만이 고용주의 최대 이익과 함께 노동자들의 지속적인 번영이 가능하다는 것은 확실하다. 다시 말하면, 최대이익이란 사람과 기계설비의 가능한 최고의 생산성 아래에서만, 즉 개개의 기계와 사람이 가능한 한 최대의 생산을 할 때에만 가능한 것이다. 왜냐하면, 당신의 고용인과 기계들이 당신 주위의 경쟁자보다 더 많은 일을 해낼 수 없다면, 당신은 당신의 고용인들에게 당신의 경쟁자보다 더 높은 급료를 지불하기가 힘들다는 것은 분명하기 때문이다. 경쟁관계에 있는 두 개의 회사에 있어 높은 임금의 지불가능성에 대해 적용될 수 있는 진리는 나라 전체에도 적용될 수 있으며 심지어는 경쟁상태에 있는 국가간에도 적용될 수 있는 것이다. 한마디로 말하면, 최대이익은 최대한의 생산성의 결과로써만이 가능하다는 것이다. 이 논문의 후미에 경쟁업체들보다 30퍼센트부터 100퍼센트까지 높은 임금을 주면서도 더 많은 이윤을 얻고 있는 여러 회사들의 예를 들 것이다. 이 같은 예들은 가장 간단한 형태의 일부터 가장 복잡한 형태의 일까지를 모두 포함하고 있다.

위의 결론이 옳다면, 노동자와 사용주의 가장 중요한 공동의 목표는 회사에 속한 개개인에게 그가 자신의 적성분야에서 최고수준 — 가장 빠른 속도로 가장 효율성 있게 — 으로 일할 수 있도록 훈련시키고 개발시키는 것이라 할 수 있다.

현실 – 근무태만 또는 늘어뜨리기

이러한 원리들은 너무도 명백하여 많은 사람들은 말하는 것조차 유치하다고 생각할지도 모른다. 하지만 미국과 영국에서 실제로 존재하는 사실을 예로 들어보자. 영국과 미국사람들의 운동에의 열정은 세계적이다. 미국노동자들이 야구를 할 때나 영국노동자들이 크리켓을 칠 때, 그들은 자기편의 승리를 위해서 전력을 다한다. 게다가 그들은 가능한 한 많이 이기기 위해서도 최선을 다한다. 승리하고자 하는 감정이 너무도 강렬하여 게임에서 최선의 능력발휘를 못하는 사람은 누구나 중도포기자(quitter)라고 불리며 주위 사람들로부터 멸시당한다.

그 똑같은 노동자가 다음날 일터로 돌아와서는 가능한 한 많은 양의 일을 하기 위해서 노력하기 보다는, 대부분 그가 할 수 있는 것보다 훨씬 적게 일하려고 계획한다. 많은 경우에 가능한 하루의 일의 양의 3분의 1내지는 2분의 1보다는 많이 일하지 않기 위해서 계획한다. 그리고 사실, 만약 그가 자신이 할 수 있는 하루의 일에 최선을 다한다면 동료들로부터 운동경기에서 중도포기자로 불리는 것보다 더 심한 욕을 먹게 된다. 다시 말하면, 온전한 하루의 일을 하지 않기 위해서 가능한 한 천천히 일하는 현상, 즉 미국에서의 '근무태만(soldiering)', 영국에서의 '늘어뜨리기(hanging it out)', 스코틀랜드의 '태업(Ca Canae)'이라는 현상은 산업체에서는 보편적이며 건설업에서도 대규모로 발생하고 있다.

추후 본 논문 중에서는 모든 형태의 '근무태만'과 일부러 천천히 일하는 것을 제거하고, 그리고 '경영진과의 친밀한 협력과 경영진으로부터의 도움(노동자가 당연히 받아야 하는)'으로, 개개의 노동자가 최대의 이익을 얻으면서 최대의 속도로 일하게 되는 새로운 노사관계의 예'와 이로 인해 생산성이 배증되는 예를 보여줄 것이다. 이들 두 나라에서 논의되어지고 있는 그 어떤 개혁안이 이보다 더 번영을 촉진시키고, 가난을 제거하며, 고통을 줄이는 데 효과적일 수 있겠는가? 미국과 영국은 최근 대기업들에 대한 견제와 상속, 조세에 관한 다소 사회주의적 제안들에 관해서 거론해 왔다. 이들 두 나라의 국민들은 이러한 주제들에 관해서 의견이 분분하다. 그러나 더욱 더 중요한 주제이고, 임금과 이윤에 직접적이고 심각한 영향을 미치며, 거의 모든 노동자들의 생활과 그 나라의 모든 산업시설의 수익에 있어 아주 중요한 주제인 '근무태만'에 대하여는 아무도 거의 관심을 기울이고 있지 않는 듯싶다.

우리는 '근무태만'과 천천히 일하는 것의 여러 가지 원인을 제거하고 생산비용을 낮춤으로써 자국과 외국의 시장을 크게 넓힐 수 있으며, 우리의 라이벌들과 유리한 입장에서 경쟁할 수 있을 것이다. 만약 이들 비능률을 제거할 수 있다면 이는 불경기와 실업, 가난에 대한 근본원인 중의 하나를 제거함으로써 미봉책에 불과한 그 어떤 치유법보다 훨씬 더 지속적이고 효과적으로 이들 불행을 제거할 수 있을 것이다. 또한 그것은 더 높은 임금을 가능하게 하여주고, 더 짧은 노동시간과 더 나은 직장생활과 가정생활을 보장하여 줄 것이다.

근무태만의 세 가지 원인

그렇다면 최대번영이 오직 노동자들의 매일매일의 최대한의 노동에 의해서만이 가능하다는 자명한 사실에 직면하여, 왜 대부분의 노동자들은 그 반대의 행동을 취하고 있으며, 사람들이 열심히 일하려는 최선의 의도를 갖고 있을 때조차도 대개의 경우에 효율적으로 일하지 못할까?

여기에는 세 가지 원인이 있으며, 우리는 이들을 다음과 같이 요약할 수 있다.

첫째, 아득한 옛적부터 사람들 사이에 보편적으로 존재해 왔던 생각, 즉 개개인 또는 기계의 실질적 생산성의 증가는 결국 많은 사람을 실직하게 한다는 착각이다.

둘째로, 개개의 노동자가 자신의 최대한의 이익을 보호하기 위해서는 느리게 일하는 것이 필요하게끔 만드는 불완전한 경영시스템이 보편적으로 사용되고 있다는 사실이다.

셋째로, 우리 노동자들이 많은 노력을 낭비하도록 하는 주먹구구식의 비효율적인 방법이 거의 모든 직종에 존재한다는 사실이다.

앞으로 이 글은 주먹구구식 방법 대신에 과학적인 방법에 의해 엄청난 이익이 얻어질 수 있다는 것을 보여주고자 한다.

제1원인: 생산성 증가는 실직을 유발한다는 착각

이들 세 가지 이유에 대해 좀 더 자세히 설명한다면;

첫째, 대부분의 노동자들은 그들이 만약 "최선의" 속도로 일하게 되면, 이것은 많은 사람들의 실직을 유발함으로 결국 그들 직종에 해로운 일을 하는 것으로 믿고 있다. 하지만 새로운 기계의 발명 또는 더 나은 생산방법의 도입을 통한 '생산성의 증가'나 원가절감을 초래하는 모든 '개선'은 노동자를 해고시키는 것 대신에 결국 더 많은 일자리를 제공함을 산업발전의 역사는 보여주고 있다.

일상적으로 사용되는 어떤 상품의 가격하락은 거의 즉각적으로 그 상품에 대한 수요를 증가시키게 된다. 구두의 경우를 예로 들어 보자. 종전의 수작업을 대체할 수 있는 기계의 도입을 통해 종전의 노동비의 대폭절감과 함께 구두를 염가로 판매할 수 있게 되었다. 따라서 종전에는 구두를 사치품으로 여겨 모든 노동자들이 거의 맨 발로 지내거나 아마도 5년에나 한 켤레 정도의 구두를 사 신었던 반면, 이제는 노동계급에 속해 있는 거의 모든 남자, 여자 및 어린이들도 1년에 한두 켤레의 신발을 살 수 있게 되었고, 또한 항상 신발을 신을 수도 있게 되었다. 신발 만드는 기계로 인하여 노동자 1인이 생산하는 신발이 엄청나게 증가하였음에도 불구하고 신발에 대한 수요도 대폭 증가하여 결과적으로는 이전보다 상대적으로 더 많은 사람들이 신발산업에 종사하고 있다.

거의 모든 직종에서 노동자들은 과거에 이러한 종류의 교훈을 갖고 있지만, 그들은 자기 직종의 역사에 대해 무관심했기 때문에 매일매일 가능한 한 많은 생산을 한다는 것은 자신의 이익에 위배된다고, 그들의 부모가 그랬던 것처럼 여전히 믿고 있다.

이러한 착각하에서 미국과 영국의 많은 노동자들이 생산량을 삭감시키기 위해서 일부러 천천히 일하고 있다. 거의 모든 노동조합이 조합원들의 생산량을 위축시키기 위한 규칙들을 만들었거나 만들고자 생각하고 있다. 노동자들에게 많은 영향력을 갖고 있는 노조지도자들은 물론 노동자들에 대한 동정심을 갖고 있는 많은 사람들까지 이러한 착각을 매일같이 유포시키고 있으며, 동시에 노동자들에게 너무 많이 일하고 있다고 말한다.

이른바 '혹사시키는 공장(sweat shop)'에서의 작업과 작업환경에 대해 많은 논란이 있어 왔다. 필자는 혹사당하는 많은 노동자들에게 매우 동정을 느끼고 있지만, 전반적으로 저임금 노동자에 대해 더 큰 동정을 느낀다. 그러나 혹사당하는 1인에 대해 100인의 고의적으로 적게 ─ 훨씬 더 적게 ─ 일하는 사람이 있으며 그들은 결과적으로 스스로가 저임금을 조장하게 된다. 그런데도 이러한 폐단을 시정하려는 어떠한 노력도 시도되고 있지 않는 듯싶다.

엔지니어로서 그리고 경영자로서 우리는 사회 어떤 계층보다도 이러한 사실을 잘 알고 있다. 그래서 진정한 사실에 대해 노동자뿐 아니라 온 국민을 교육시킴으로써 이 잘못된 생각을 타파하도록 가장 잘 선도할 수 있다. 그런데도 지금 우리는 이러한 방향으로 실질적으로 하고 있는 일이 아무 것도 없으며, 오도된 노동지도자나 실질적인 근로환경에 전혀 무지한 감상주의자의 손에 이 분야를 방치하고 있다.

제2원인: 체계적 근무태만

두 번째, 현재 널리 사용되고 있는 거의 모든 경영시스템하의 노사관계에서 존재하는 '근무태만'의 두 번째 원인에 관해서는 설명하기가 쉽지 않다. 특히 작업 소요시간에 대해서 사용주가 무지한 것이 왜 노동자들로 하여금 농땡이 부리는 사람이 되게 만드는지 그 이유를 잘 모르는 사람에게는 이 두 번째 원인을 명확히 설명하는 것이 거의 불가능하다.

그런고로 필자는 여기서 1903년 6월에 미국 기계공학회에서 발표된 바 있던 필자의 원고 '공장관리(Shop Management)'를 인용하고자 한다. 이 인용문은 '근무태만'의 원인에 대해 충분히 설명해 줄 수 있을 것으로 기대된다.

"이러한 근무태만은 두 가지 이유에서 일어난다. 첫째, '자연발생적인 근무태만'이라고도 불릴 수 있는 '편해지려고 하는 인간의 자연적 본능' 때문이다. 둘째, 다른 사람과의 관계에서 야기되는 더욱 복잡한 이차적 생각과 논리적 판단 때문인데 이것은 '체계적 근무태만'이라고도 불리울 수 있다.

"보통사람의 경향이란 일생 동안 천천히 편안한 속도로 일하고 싶어하며, 만약 어떤 사람이 빠른 속도로 일한다면 이는 상당한 숙고 후에야 또는 딴 예를 보거나 자아의식의 발로 후에야 또는 외부 압력에 의해서 일어난다는 것은 의심할 여지가 없다.

"물론 비상한 정력, 활력, 야망을 가져서 천성적으로 가장 빠른 속도로 일하며, 자신의 표준을 스스로 정하여 심지어 자신의 목전의 이익에 역행됨에도 불구하고 열심히 일하는 사람도 있다. 그러나 이 몇 안 되는 특별한 사람은 그 수가 너무 적어 천천히 일하고자 하는 전체적 경향에는 아무런 영향을 끼치지 못하며, 다만 보통 사람들의 일하는 속도를 최고속도에 비교하고자 할 때 사용되는 정도의 영향 밖에 미치지 못한다.

"이같이 편하게 일하려는 보편적 경향은 '많은 사람을 유사한 직종에 근무하게 하고, 획일적인 표준임금을 지급'하는 일반적인 관리 방식에 의하여 급속도로 확산되었다.

"이러한 체제하에서는 더 뛰어난 사람도 점차적으로 가장 비효율적인 사람의 속도로 그의 속도를 늦추게 된다. 천성적으로 정력적인 사람이 게으른 사람과 같이 며칠이상 일하게 되었을 때의 상황의 논리는 반박할 수 없게 된다. '저 게으른 녀석은 내가 일하는 양의 반 밖에 일하지 않으면서 같은 임금을 받는데 왜 내가 열심히 일해야 하나?'[1]

1) (역자주) 약간의 비약이 될지 모르지만, 많은 사람을 유사한 업무에 투입하고

"이러한 조건에서 일하는 사람에 대해 세밀한 시간 연구를 행하면 한편으로는 재미있으면서도 안쓰러운 사실을 들추어 낼 수 있다.

"예를 들어 필자는 선천적으로 활기찬 한 노동자의 걷는 시간을 측정하였다. 출퇴근시에는 시간당 3~4마일의 속도로 움직이며 퇴근할 때에는 종종 깡충깡충 뛰어가기도 하는 노동자인데, 일단 공장에 도착하기만 하면 그는 즉시 시간당 1마일로 속도를 늦춘다. 예를 들면 외바퀴 손수레를 사용할 경우, 짐을 실었을 때에는 하중을 견디는 고통스러운 시간을 가능한 한 짧게 하기 위해서 심지어는 오르막길에서 조차도 상당히 빠른 속도로 걷는 사람이 빈수레로 돌아올 때에는 거의 앉아서 쉬는 것에 가까울 정도로 걷는 것을 지연시킬 모든 핑계를 활용하면서 시간당 1마일로 걷는다. 실제로 그는 게으른 동료보다 더 많이 일하지 않기 위해서 작업 속도를 늦추는데 신경쓰느라고 자신을 피곤하게 만들 정도이다.

"이들은 고용주로부터 좋게 평판 받고 있는 작업감독 밑에서 일하고 있었는데 이런 사태에 대해 그 감독에게 문의하면 '아! 글쎄, 저도 그들을 앉아서 쉬지 못하게 할 수는 있지만, 도대체가 그들이 일하고 있을 때 제대로 움직이게 할 수는 없어요.'라고들 대답한다.

"인간의 천성적인 게으름도 심각하지만 노동자와 고용자가 더욱 더 고통 받고 있는 것은 체계적인 근무태만이다. 이것은 거의 모든 경영시스템에서 보편적이며, 노동자들이 무엇이 그들에게 가장 이익인지 스스로 열심히 연구한 결과로 발생한다.

"필자는 최근에 한 골프장에서, 12살 밖에 안 된 그러나 경험 많은 작은 소년 캐디가 특별히 정력적인 신참 캐디에게 '항상 천천히

동일한 임금을 지급하였을 때, 생산성은 그들 중 가장 비효율인 사람의 수준으로 떨어진다는 사실이 공산주의 체제 몰락의 먼 원인이 되었을 수도 있다.

걸어야 하며 골퍼가 볼을 향해 갈 때에도 반드시 뒤를 따라 가야만 한다. 우리들은 시간제로 임금을 받기 때문에 빨리 걸을수록 적은 돈을 번다'는 것을 설명하고, 만일 그가 계속 빨리 걸으면 다른 소년들이 가만 두지 않을 것이라고 말하는 것을 매우 관심있게 들었다.

"그러나 이것은 그다지 심각하지 않은 체계적 근무태만의 형태를 나타낸다. 왜냐하면 이것은 고용주가 알고 있는 가운데 행해지고, 고용주는 원하기만 하면 언제고 그 폐단을 시정할 수 있기 때문이다.

"그러나 체계적인 근무태만의 대부분은 그들이 얼마나 빨리 일할 수 있는 지 고용주가 모르도록 하려는 고의적인 목적을 가진 사람들에 의해서 행하여지고 있다.

"이러한 목적의 근무태만은 너무나 널리 퍼져 있기 때문에 대규모 공장의 유능한 노동자들의 대부분이 그가 일당급(day work)[2]으로 임금을 받든지, 개수급(piece work)[3]으로 받든지, 도급(contract work)[4] 식으로 받든지, 통상적인 어떤 방식하에서 일하든지 간에 어떻게 하면 천천히 일하면서도 고용주에게는 여전히 열심히 일하고 있는 것처럼 보일까하고 노력하는 데에 그의 시간의 상당 부분을 할애한다.

"이러한 일이 발생하는 이유는 간단히 말해서 고용인이 일당을 받든지, 일한 분량대로 지급받든지 간에 각 직급별로 고용인이 하루에 버는 최고 임금액을 모든 고용주가 그가 생각하기에 적당한 임금

---

2) (역자주) 일 한 노동량에 상관없이 하루 일정시간 동안 일한 것으로 일정하게 임금을 지급받는 임금체계
3) (역자주) 생산된 제품 또는 부품의 개수에 따라 생산량에 일정금액을 곱하여 임금을 지급받는 임금체계
4) (역자주) 주로 건설업종에서 많이 쓰이는 방식으로서 일정량의 일, 예를 들면 방 하나의 벽 도배 일체에 대하여 이를 달성하면 일정액수의 임금을 지급하는 것으로 미리 계약을 체결하고 이에 따라 임금을 지급하는 임금체계

수준으로 임의로 결정하기 때문이다.

"개개의 노동자는 곧 자신에게 해당되는 임금액이 얼마라는 것을 알게 된다. 그리고 고용주는 그들 작업자가 현재 일하는 양보다 더 많은 양을 일할 수 있다는 것을 확신하게 되면 거의 아무런 임금 인상 없이 그에게 더 많이 생산하도록 강요하는 수단을 고안하게 될 것이라는 것을 깨닫는다.

"고용주는 '하루에 얼마만큼의 일을 할 수 있는지'에 대해 세월이 흐름에 따라 모호해지기 일쑤인 '자신의 경험'이나 부하직원들의 '피상적이고 체계화되지 못한 관찰' 또는 기껏해야 '과거의 최고 기록'에서 지식을 얻어내고 있다. 많은 경우에 고용주는 어떤 일이 과거에 해왔던 것보다 더 빨리 할 수 있다고 믿고는 있으나 만약 어떤 일이 얼마나 빨리 이루어질 수 있는 지에 대해서 결정적인 증거가 없으면 가장 빠른 시간에 일을 하도록 만들기 위해서 격렬한 수단을 쓰고자 하는 경우는 드물다.

"필연적으로 어떠한 일도 과거에 있어서보다 더 빨리 행해지지 않도록 하는 것은 근로자 개개인의 이익에 합당한 것이 된다. 젊고 경험 없는 신참 노동자들은 고참 노동자들에 의해서 이를 교육 받게 되며, 일부 탐욕스럽고 이기적인 사람들에게는 새로운 기록을 세우지 못하도록 온갖 설득과 압력이 가해지는 것이다. 그 이유는 이 새로운 기록으로 인해 비록 잠깐은 임금인상이 있겠지만, 이는 결국 뒤따라 일하는 모든 사람들이 똑같은 임금을 받고 더 많이 일하도록 만들 것이기 때문이다.

"일상적인 형태의 가장 좋은 일당급하의 공장에서 개개인이 수행한 일의 양과 그 효율이 정확히 기록되고, 일의 실적이 향상된 만큼 임금이 인상되며, 어느 수준에 이르지 못한 사람은 해고하며, 그 자리에 신중히 선발된 새로운 사람이 대신 일을 한다면 천성적인 근무태만과 체계적인 근무태만 둘 다 대부분 해결될 수 있다. 그러나 이것은 먼 미래에도 일당급에서 개수급으로 임금지급 방식을 변경하지 않을 것이라는 것을 확신시킨 후에나 가능하다. 그러나 만일 노동자가 자기 일의 특성상 개수급이 실시가능하다는 것을 알고 있다면 이 것을 믿게 하기는 거의 불가능하다. 이 경우 앞으로 개수급의 기준이 되는 새로운 기록을 세우는 것을 두려워하여, 그들은 그들이 할수 있는 한 최대한의 근무태만을 시도하게 될 것이다.

"어쨌든 이러한 체계화된 근무태만은 개수 급에서 더욱 더 두드러지게 나타난다. 만약 어떤 노동자가 더 열심히 일해서 생산량을 늘렸음에도 불구하고 개수 당 지급액이 인하되는 경험을 두세 번 겪게 되면, 그는 그의 고용주 쪽의 이유 또는 사정을 전혀 이해할 수 없게 되고, 만약 임금하락을 막을 수만 있다면 체계적 근무태만도 불사하겠다는 모진 결심을 하게 된다. 근무태만은 고용주를 오도하거나 속이려는 고의적인 시도와 관련이 있기 때문에 노동자의 성격에도 악영향을 미치어 정직한 노동자도 어쩔 수 없이 위선적으로 변하게 된다. 고용주는 이제 비록 적이라고까지 할 정도는 아니지만 믿을 수 없는 상대자로 간주된다. 그리고 지도자와 그 부하 사이에 존재해야 할 상호간의 믿음은 물론 같은 목표를 위해 일하고 있고 그 결과물을 공유할 것이라는 느낌과 열성도 완전히 감소하게 된다.

"보통의 개수급 시스템 하의 적대감은 많은 경우 노동자들 사이에 너무 팽배하게 되어 고용주가 세운 어떠한 계획도, 설령 그것이 합리적인 경우에도 의심스런 눈으로 보게 된다. 그리고 근무태만은 아주 고착화되어, 심지어는 그들로서는 아무런 더 이상의 노력없이 높은 생산성 향상이 가능한 경우에 있어서도 기계의 생산량을 줄이

느라고 애를 쓰는 경우가 빈번히 발생한다.5)

제3원인: 가장 큰 낭비 – 주먹구구식 작업방법

세 번째, 천천히 일하는 세 번째 이유, 즉 주먹구구식의 비효율적인 작업방법에 관하여는 앞으로 이 글 중 아주 많은 부분이 할애될 것이다. 앞으로는 특히 모든 업종의 가장 사소한 일에서 조차 '주먹구구식의 방법'을 '과학적인 방법'으로 대체함으로써 고용주와 근로자 양자에게 생기는 엄청난 이익을 많은 예를 통하여 보여줄 것이다. 불필요한 동작을 없애고, 느리고 비효율적인 방법을 빠른 방법으로 바꿈으로써 가능하여지는 엄청난 시간절약과 그에 따른 생산성의 증가는 유능한 '동작 및 시간연구자'에 의한 생산성 향상을 실제로 목격한 후에나 제대로 깨달을 수 있다.

간단하게 설명하자면, 모든 직종의 노동자가 주위 사람들을 관찰함으로써 일의 세부적인 것을 배운다는 바로 그 사실 때문에 똑같은 일을 수행하는 데 사용되는 방법이 수십 가지에 이를 정도로 아주 다양하고, 똑같은 이유로 각각의 일에서 사용되는 도구도 아주 다양하다. 그런데 각 작업의 매 요소에 사용되는 다양한 방법과 도구들 중에서 '다른 어떠한 것보다도 빠른 방법과 도구'가 항상 존재한다. 이것은 사용되는 모든 도구와 수단에 대한 과학적인 연구와 분석 및

---

5) (역자주) 체계화된 근무태만은 오늘날 우리 주변에도 많이 존재하고 있다. 최근의 예로서 1993년 10월 3일자 동아일보 '독자의 편지'란에 실린 기고문의 일부를 소개하고자 한다. "일용근로자 직업정신 절실, 맡은 작업 요령피울 땐 실망...나는 나름대로 최선을 다해 열심히 일하는데 함께 간 근로자들은 이구동성으로 그렇게 열심히 할 필요가 없다고 충고한다. 작업을 하다가 남으면 내일 다시 와서 해 달라고 부를 테니까 천천히 요령을 피우며 하라는 것이었다."

정확하고 정밀한 '동작 및 시간연구'를 통해서만 발견 또는 개발될 수 있다. 또한 이것은 모든 작업에 있어서 '주먹구구식 방법'으로부터 '과학'으로의 점진적인 대체를 이룩할 수 있는 기초가 되는 것이다.

이 글은 과거의 모든 경영 방식에서의 기본철학이 각각의 노동자는 경영주로부터 거의 아무런 도움을 받지 않고, '노동자가 최선이라 생각하는바 대로 작업하고 또한 그 결과에 대한 최종적인 책임도 진다'는 것을 전제로 하고 있음을 보여줄 것이다. 이 글은 또한 각각의 노동자가 자기의 맡은 일을 스스로 처리해야 하는 고립성 때문에 이러한 과거의 경영방식 하에서 일하는 노동자는 대부분의 경우, 설령 그의 일상작업에 과학적 규칙이 존재한다 하더라도 이를 찾아내거나 이에 의거하여 작업할 수 없음을 보여줄 것이다.

예를 들면, 일반적으로 거의 모든 기계절삭 작업에서 각 노동자의 매동작마다에 깔려 있는 과학은 아주 미묘하고 엄청난 것이라서, 실제 작업을 수행하는 노동자는 교육의 부족 또는 지적 무관심 또는 작업에만 매달려야 하는 업무의 특성 때문에 그와 한 팀을 이루거나 또는 그의 상사로서 일하는 보다 뛰어난 사람의 안내나 도움이 없이는 이러한 과학을 제대로 발견할 수 없다는 것을 필자는 감히 주장하는 바이다. 이에 대한 증거는 추후 본문의 뒷부분에서 제시될 것이다. 과학적 법칙에 근거하여 작업이 수행되기 위해서는 경영주와 노동자간에 과거의 경영방식에서보다 좀 더 균등한 책임의 배분이 필요하다. 경영진에 속한 사람들 중 이들 과학을 개발할 책임이 있는 사람들은 부하 작업자들을 이끌고 도와주어야 하며, 그 결과에 대해서도 보통의 관리방식 하에서보다 더 큰 책임을 진다는 것을 인식하여야 한다.

즉 과학적 법칙에 따라 일하기 위해서는, 경영주는 이제부터 과거의 관리시스템하에서 노동자가 수행하는 일 중의 많은 부분을 떠맡아야 한다는 것을 앞으로 이 글은 명백히 보여줄 것이다. 새로운 관리시스템하에서는 거의 모든 노동자의 행동에 대해 경영주 측의 예비작업이 선행되어야 한다. 이들 예비작업은 작업자들이 자신들의 업무를 효율적으로 수행할 수 있도록 도와주는 것들이다. 따라서 각 작업자는 다른 어떤 작업 방법을 따르는 것보다 훨씬 더 편하고 빠르게 일할 수 있게 된다. 그리고 모든 작업자들은 감독자로부터 강요받거나 또는 그 자신의 어설픈 방법으로 일을 해결하는 대신, 매일매일 그들에게 최선의 작업방법을 지도하고 그들이 최선의 작업을 할 수 있도록 친절히 도와주는 감독자의 도움 하에 업무에 임하게 되는 것이다.

경영자와 노동자 사이의 이같이 가깝고 친밀하고 인간적인 협동 관계는 이른바 '과학적 관리(Scientific Management)' 또는 '목표 관리(Task Management)'의 핵심이다.

이 친밀한 협동을 통해서, 즉 매일매일의 업무를 고용주와 작업자가 균등히 나눔으로써 각 노동자와 각 기계에서의 최대생산에 방해가 되는 모든 장애물이 사라지는 많은 사례들이 앞으로 소개될 것이다. 이전의 경영체제하에서 받았던 것보다 30%~100% 임금이 오른다는 사실이 경영주와의 매일매일의 어깨를 맞대는 친밀한 접촉과 연결되어 근무태만의 원인을 완전히 제거할 수 있게 되는 것이다. 그리고 조만간 노동자들도 이러한 새로운 체제하에서는 일인당 생산량의 막대한 증가가 사람을 실직시키지 않고 더 많은 고용기회를 제공한다는 것을 몸소 체험함으로써 궁극적으로는 일인당 생산량의 증가가 다른 사람을 실직하게 만든다는 오해를 완전히 불식시킬 수 있을 것이다.

과학적 관리 - 낭비제거의 최선책

필자는 노동자와 생산설비로부터 최대생산을 얻는 것은 개개의 노동자나 사회 각 계층을 교육하는 방식으로도 효과가 있겠지만, 결국 최신의 '과학적 관리'를 채택함으로써만 궁극적인 해결이 가능하다고 생각한다. 아마도 이 글의 독자 대부분은 이 같은 주장이 단지 이론에 불과하다고 이야기할지도 모른다. 그러나 사실은 '과학적 관리' 그 자체는 이론이 아닌 현실로서 거의 30년에 걸친 현실적용에 의해 점진적으로 진화해온 것인 반면에, '과학적 관리의 이론 혹은 철학'은 이제 겨우 이해되기 시작하고 있는 것이다.

그리고 이 30년 동안에 차례차례 많은 산업부분에서 과거의 경영체제가 '과학적 관리'체제로 바뀌고 있다. 현재 미국에서는 적어도 50,000명의 노동자가 이 체제하에서 일하고 있다. 이들은 그들 주위의 비슷한 능력의 노동자가 받는 것보다 30%~100% 높은 임금을 받고 있으며, 한편 그들을 고용하고 있는 회사는 그 어느 때보다도 번영하고 있다. 이러한 공장에서의 노동자나 기계당 생산량은 평균하여 두 배 정도 증가하였다. 또한 지난 30년간 이러한 체제하에서는 단 한 차례의 파업도 발생하지 않았으며, 보통의 경영 형태를 특징짓는 의심에 가득찬 경계의 눈초리와 차라리 전쟁에 가까운 상황대신, 노사간에 친밀한 협동관계가 광범위하게 수립되었다.

과거 수년간 과학적 관리 하에서 사용되는 특수 수단과 개발과정에서의 세부사항 그리고 보통의 관리 방식에서 과학적인 관리로 전환하기 위해서 필요한 과정에 대한 수편의 책들이 저술된 바 있다. 그러나 불행하게도 이 책들의 독자들 대부분은 기법자체를 과학적 관리의 진정한 핵심으로 착각하고 있다. 과학적 관리는 기본적으로

넓고도 일반적인 몇 개의 원칙 또는 철학으로 이루어져 있다. 그리고 이들 원칙들은 다양한 방법으로 적용될 수 있으나 만약 어떤 개인이 이 과학적 관리를 적용하고자 한다면 그는 결코 '기법'과 '원칙'을 혼동하여서는 안 된다.

필자는 여기서 고용주나 근로자의 모든 고충을 해결할 수 있는 만병통치약이 존재한다고 주장하는 것은 아니다. 어떤 사람은 태어날 때부터 게으르고 비효율적인 인간으로, 또 어떤 사람은 탐욕스럽고 잔인한 인간으로 태어나며, 악과 범죄가 우리 곁에 있는 한 어느 정도의 가난과 비참함 그리고 불행은 오랫동안 우리 곁에 존재할 것이다. 어떠한 경영체제도 또는 기발한 수단도 노동자나 고용주에게 계속적인 번영을 보장해 줄 수는 없다. 번영하기 위한 요인은 어떤 집단이나 지역, 심지어 나라 전체로서도 통제할 수 없는 너무도 다양한 이유가 있기 때문에 고용주와 근로자 양자가 다소 고통받는 그런 시기, 즉 불경기나 노사분규의 시기가 필연적으로 도래하기 마련이다. 그러나 필자는 그러한 불행한 시기 중에서도 과학적 관리 하에서는 훨씬 더 번영하고, 훨씬 더 행복하고, 알력이나 불협화음도 훨씬 덜할 것이라고 감히 주장하는 바이다. 그리고 또한 그 불행한 시기의 횟수도 줄어들며, 기간도 짧아지고, 고통도 작아질 것이라고 주장하는 바이다. 그리고 이 같은 주장은 주먹구구식의 관리체제에서 과학적 관리체제로 남보다 한 발 앞서 바꾼 마을, 지역 또는 나라에서 특히 입증될 수 있을 것이다.

필자는 조만간 이 원칙들이 실제로 모든 문명국에서 상용될 것이며, 더 빨리 그렇게 될 수록 모든 사람에게 이익이라고 깊이 확신하고 있다.

제 2 장

과학적 관리의 원칙

제 2 장
과학적 관리의 원칙

과학적 관리 – 무엇이 다른가

필자는 사람들이 과학적 관리에 관심을 가지게 될 때 가슴에 가장 많이 품게 되는 세 가지 의문이 있다는 사실을 발견했다.

첫째. 어떤 점에서 과학적 관리가 보통의 경영방식과 근본적으로 다른가?

둘째. 다른 형태 하에서보다 왜 과학적 관리 하에서 더 좋은 결과가 얻어지는가?

셋째. 적당한 사람을 그 회사의 우두머리로 맞아들이는 것이 가장 중요한 문제가 아닐까? 그리고 만일 당신이 적임자를 선임했다면 경영의 형태는 안심하고 그에게 맡길 수 있지 않을까?

아래 내용들의 중요한 목적중의 하나가 이 세 가지 의문에 만족스러운 해답을 제공하는 것이다.

이른바 과학적 관리 혹은 목표 관리의 원칙을 소개하기 전에, 일상적으로 사용되는 관리체제 중 필자가 보기에 가장 낮다고 인식되는 것의 개요를 살펴보는 것이 바람직할 것으로 생각된다. 이것은 가장 나은 보통의 관리방식과 과학적 관리 사이의 엄청난 차이를 대비시키기 위한 것이다.

솔선과 격려의 경영 – 비과학적 최선의 관리방식

가령 500에서 1,000명 정도의 노동자를 고용하는 산업체를 예로 든다면, 대부분의 경우 이 회사내에서는 적어도 20~30가지의 다른 직종을 발견할 수 있을 것이다. 이 각각의 직종에서 노동자들은 그들의 지식을 직접적인 접촉을 통하여, 또 입에서 입을 통하여 전수받아 왔다. 이 같은 전수방식은 물론, 먼 옛날 우리의 선조들이 이들 직종을 처음 시작하던 원시적인 환경으로부터 모든 사람이 세분화된 전문직에 종사하는 오늘날까지의 오랜 세월 동안 지식전수의 주된 통로였다.

모든 직종에서 행하여지는 작업의 모든 요소는 각 세대의 창의력에 의해 조금씩 더 나은 방법으로 발전되어 왔다. 각 직종에서 현재 사용되는 방법들은 넓은 의미로는 처음부터 발전되어 온 아이디어 중 가장 적합하고 최선인 것만이 살아남았음을 뜻하는 하나의 진화라고 할 수 있다. 그러나 이 말은 넓은 의미로는 맞을지 모르지만, 그 각각의 직종과 밀접하게 관련된 사람들만은 그들의 직종에서 사용되는 방법이 사실은 매우 다양하다는 것을 알고 있다. 작업의 각 요소에 사용되는 방법에는 일반적으로 표준으로 받아들여지는 단 하나의 방법 대신, 일상적으로 사용되는 수십 개의 다양한 방법들이 있다. 조금만 생각해 보면 이것은 필연적으로 당연하다는 것이 명백해질 것이다. 왜냐하면 이런 방법들은 사람에서 사람으로 말을 통해 전해 내려오거나 또는 대부분 무의식 중에 관찰을 통해 배워왔기 때문이다. 실제적으로 그것들이 성문화되거나, 체계적으로 분석되고, 설명된 경우는 거의 없다. 의심의 여지없이 각 세대의 창의력과 경험은 다음 세대에게 더 좋은 방법을 전수해 왔다. 이러한 실제 경험으로 얻은 법칙이나 전통적인 지식은 모든 장인들의 중요한 재산 또는 소유물이라고도 할 수 있다. 현재 사용되고 있는 최선의 경영체제에서도 경영인들은 노동자들이 '경영진이 모르는 이런 많은 전통적인 지식'을 가지고 있다는 사실을 안다. 물론 이들 경영진은 직장(foreman)과 감독관을 포함하는데, 그들은 대부분의 경우 그들의 직종에서 일류의 노동자들이었다. 그러나 이 직장들과 감독관들도 그들의 지식과 숙련된 솜씨가 그들 아래에 있는 모든 노동자들의 지식과 솜씨를 합한 것에는 훨씬 못 미친다는 것을 누구보다도 잘 알고 있다. 그러므로 가장 노련한 관리자들은 가장 최선의 경제적인 방법으로 작업을 하는 문제를 그들의 노동자들에게 다 맡겨 버린다. 그들은 개개의 노동자들이 최선을 다하고, 가장 열심히 일하고, 모든 전통 지식을 발휘하고, 숙련된 솜씨, 창의력, 선의, 한마디로 '솔선'하여 그들의 고용주에게 가능한 한 많은 이익을 주도록 노력하게끔 유도하는 것을 그들의 역할로 여긴다. 그러므로 이들 경영진 앞에 놓인 문제는 간단하게 말하면, 모든 노동자들에게 최선의 동기를 부여하는 것이라고 할 수 있다. 여기서 작가가 사용한 '솔선(Initiative)'이라는 말은 노동자들로부터 얻고자 하는 모든 좋은 품성을 포괄적으로 의미한다.

한편, 지적인 관리자라면, 만약에 그가 그의 노동자들에게 통상적으로 노동자들이 고용주들로부터 받는 것보다 무언가를 더 많이 주고 있다고 느끼지 않는다면, 그의 노동자들이 전폭적으로 솔선하여 일하기를 기대할 수 없음을 알 것이다. 이 책을 읽고 있는 독자들 중 일선 경영자였거나 한 직종에서 오래 일해왔던 사람들만은 보통의 노동자가 그의 고용주에게 솔선하여 최선을 다하지 않음을 알고 있을 것이다. 개략적으로 20개의 산업체 중 19개 정도에서 노동자들은

'그들의 고용주들에게 솔선하여 최선을 다하는 것'은 '노동자의 이익에 직접적으로 반대되는 것'이라고 믿고 있으며, 또한 노동자들은 고용주들을 위해 '가능한 한 최대량의 또 최고품질의 일'을 하는 대신에, 그들에게 할당된 일을 '빨리 하는 체 하면서 가능한 한 일부러 천천히 일하고 있다'는 것이 크게 틀린 말이 아닐 것이다.

그러므로 필자는 어떤 관리자가 그의 노동자들의 솔선을 확보하기 위해서는 보통의 직장에서 주어지는 것을 넘어선 특별한 '격려(Incentive)'를 그의 노동자들에게 주어야 한다고 거듭 강조하는 바이다. 이 격려는 몇 가지 다른 방법으로 주어질 수 있는데 예를 들면 빠른 승진; 더 높은 임금, 즉 더 관대한 개수급 또는 포상금 또는 잘하거나 빨리 한 일에 대한 보너스; 더 짧은 노동시간; 더 나은 작업환경과 작업조건 등의 형태를 취할 수 있다. 그리고 무엇보다도 이 특별한 격려는 피상적이 아니고 노동자들의 복지에 대한 참되고 애정어린 관심을 기본으로 하여야 하며, 또한 노동자들에 대한 인간적 배려와 다정한 접촉이 동반되어야 한다. 고용주는 이런 특별한 '격려'를 주고 난 다음에라야 그의 노동자들로부터 '솔선' 비슷한 것이라도 기대할 수 있다. 통상적인 관리체제하에서 노동자들에게 특별한 동기를 부여하는 것의 필요성은 너무도 광범위하게 인식되어서, 마치 특정한 임금지급 방법이 실제적으로 특정한 경영 시스템의 전체인 것으로 여기게 될 정도에까지 이르렀다. 그러나 과학적 관리하에서는 채택된 임금지급 시스템은 단지 부수적 요소의 하나일 뿐이다.

대체적으로 말하면, 보통 사용되는 경영의 가장 좋은 형태는 노동자들이 최고로 '솔선'하여 일을 하고 그 보답으로 그들의 고용주들로 부터 특별한 '격려'를 받는 경영으로 정의될 수 있다. 이런 형태의

경영은 '과학적 관리'에 반하여 '솔선과 격려(initiative and incentive)'
의 경영으로 일컬어질 것이다.

과학적 관리 대 솔선과 격려의 경영

필자는 '솔선과 격려'의 경영이 보통 사용되는 경영방식 중 최상
의 형태를 대표하는 것으로 인식되길 바라고 있으며, 사실 보통의
관리자들에게 이것보다 더 나은 관리시스템이 존재한다고 설득하는
것은 쉬운 일이 아니라고 믿고 있다. 따라서 필자는 '솔선과 격려'의
경영보다 압도적으로 나은 형태의 관리방식이 존재한다는 것을 완전
히 설득력 있게 증명해야 할 난관에 봉착한 셈이다.

필자가 보기에는 '솔선과 격려'의 경영에 찬성하는 보편적인 편견
이 너무 강해서 단순한 이론적인 장점들의 지적만으로는 보통의 경
영인들에게 다른 어떤 시스템이 더 낫다고 설득시킬 수 있을 것 같
지가 않다. 따라서 필자는 '과학적 관리'가 다른 형태의 관리 시스템
들보다 월등하다는 것을 증명하기 위해서, 우선 두 시스템의 적용사
례를 대비시켜 보고자 한다. 그러나 한편 자세히 들여다보면 어떤
기본적인 원칙 또는 철학이 앞으로 소개되는 모든 사례에서 보여지
는 차이점의 핵심이라는 것을 보이고자 한다. 사실 '과학적 관리'를
일상적 또는 주먹구구식의 관리 시스템과 구분시켜주는 '과학적 관
리의 원칙'은 그 본질상 아주 간단해서 사례들을 소개하기 전에 이들
을 간략히 설명하는 것이 더 바람직해 보인다.

구식의 경영형태하에서 어떤 경영방식의 성공은 노동자들의 '솔
선'을 얻는 것에 거의 전적으로 의존한다. 그리고 사실상 이 '솔선'이
정말로 얻어지는 경우는 매우 드물다. 과학적 관리하에서는 노동자

들의 '솔선' - 즉, 그들의 성실, 선의, 창의성 - 이 과거의 경영체제하에서보다 훨씬 더 획일적으로, 또 훨씬 광범위하게 얻어진다. 그리고 노동자 편에서의 이런 변화에 대응하여 경영인들은 과거에는 상상도 못했던 새로운 부담들, 새로운 의무들과 책임들을 떠맡는다. 예를 들어 경영자들은 과거에 노동자들이 보유해 왔던 모든 전통적인 지식을 모으고, 분류하고, 표로 만들고, 이 지식을 노동자들의 일상 작업에 매우 도움이 되는 원칙과 법칙, 공식들로 바꾸는 부담을 떠맡는다. 이런 식의 '과학'의 개발에 추가하여 경영진은 자신들에게 부과되는 새롭고 무거운 책임을 수반하는 몇 가지의 의무를 더 떠맡게 된다.

과학적 관리의 원칙

이 새로운 의무들은 크게 네 가지로 구분할 수 있다.

1) 그들은 노동자의 일의 각 요소에 대하여, 과거의 주먹구구식 방법을 대신할 과학[6]을 개발한다.

---

6) (역자주) 여기서 언급되는 과학의 의미를 명확히 이해하기 위해서는 19세기 말 경에 구미지역에서 광범위하게 사용된 영국의 유명한 과학자 켈빈경(Lord Kelvin)의 '과학'에 대한 정의를 인용하는 것이 도움이 될 듯싶다. 대서양 해저 케이블의 문제점 개선, 열역학 분야에의 기여 등으로 귀족의 작위를 수여받은 그는 '과학'에 대하여 다음과 같은 아주 쉽고도 명확한 정의를 내린 것으로도 유명하다. 즉 그는 '만약 당신이 말하고 있는 그 무엇을 측정할 수 있고, 또 그것을 숫자로 표현할 수 있다면 당신은 그것에 관해 무언가 알고 있다고 할 수 있겠다. 그러나 만약 당신이 그것을 숫자로 표현할 수 없다면 당신의 지식은 낮은 수준의 것으로서 아직 만족할 만한 것은 아니다. 그것은 어떤 지식의 시작일지 모른다. 그러나 당신은 그 주제가 무엇이든지 간에 당신의 생각에 있어서 과학의 수준에까지는 전혀 이르지 못하고 있는 것이다.'라고 언급하였다. 즉, 그가 주장한 것은 '알고 있는 지식을 객관적인 수치로 표시할 수 있으면 과

2) 그들은 과학적으로 노동자를 선발하고, 훈련하고, 각 노동자를 자기의 업무분야에서 최고의 수준으로까지 개발시킨다(과거에는 노동자 자신이 스스로의 업무분야를 선택하고 스스로를 훈련시켰다).

3) 그들은 모든 업무가 앞서 개발된 '과학'의 원리들에 입각해서 행하여 질 수 있도록 노동자들과 진심으로 협력한다.

4) 노사간에 일과 책임에서 거의 균등한 분배가 이룩된다. 과거에는 '업무수행의 거의 전부'와 '책임의 상당부분'이 노동자들에게 지워졌던 데 반하여, 새로운 시스템에서의 경영진은 노동자들보다는 자신들이 더 잘할 수 있는 업무를 모두 떠맡는다.

'과학적 관리'를 과거의 관리 체제보다 훨씬 효과적으로 만드는 것은, 결국 '경영진이 떠맡는 이 새로운 형태의 업무'와 '노동자측의 솔선'의 결합이다.

이 요소들 중 앞의 세 가지는 많은 경우 '솔선과 격려'의 경영하에서도 소규모의 원시적 형태로 존재한다. 그러나 '솔선과 격려'의 경영하에서 이 세 가지 요소들은 별로 중요하게 여겨지지 않지만, '과학적 관리'하에서는 이것들은 전체 시스템의 핵심을 형성한다.

이 요소들의 네 번째 '노사간 책임의 거의 균등한 분배'는 더 많은 설명이 필요하다. '솔선과 격려'의 경영 철학은 개개의 노동자에게 그의 업무에 대한 업무계획, 사용하는 도구 및 세부사항에 대한 모든 책임을 지도록 한다. 각각의 노동자는 이에 더불어 육체적 노동까지 제공하여야 한다. 한편, 이른바 '과학'의 개발이라는 것은 개개의 노동자의 판단을 대신할 많은 원칙, 법칙, 공식의 개발을 수반하는데, 이들 원칙 등은 체계적으로 기록되고, 색인화된 후에만 효과적으로 사용될 수 있는 것이다. 또한 과학적인 데이터를 일상적으로

학이고, 그렇지 못하면 과학이 아니다'라는 것이다.

사용하기 위해서는 업무계획을 담당할 사람은 물론 책과 기록[7] 등을 보관할 사무실과 책상을 필요로 한다. 옛날의 경영 시스템하에서는 노동자의 개인적 경험에 의거하여 수행되었던 이런 모든 계획들이 새로운 시스템하에서는 과학의 법칙에 따라 경영자측에 의해서 행해질 것이다. 왜냐하면 설사 노동자가 과학적 데이터를 잘 사용할 수 있다 할지라도 기계와 책상 앞에서 동시에 일하는 것이 현실적으로 불가능하기 때문이다. 또한 대부분의 경우, 먼저 계획을 수립하는 데에는 한 유형의 사람이 필요하고, 실제로 일을 수행하는 데에는 그와는 전적으로 다른 유형의 사람이 필요하다는 것은 명백하다.

'과학적 관리'하에서 업무실행 이전에 계획을 세우는 것이 주된 업무인 생산계획실에 있는 사람은 작업이 노동의 세분에 의해 더 훌륭히, 더 경제적으로 행해질 수 있다는 것을 알고 있는 사람으로서 모든 작업이 경제적으로 수행될 수 있도록 최선의 업무계획을 수립한다. 예를 들어 각 기계공이 각자의 업무에 착수하기 앞서 다른 사람들이 다양한 사전 준비작업을 수행하도록 계획을 세운다. 앞서 언급된 바대로, 생산계획을 위시한 이 모든 것은 '노사간의 책임과 업무의 거의 균등한 분담'을 포함한다.

종합해 보면, '솔선과 격려'의 경영하에서는 모든 문제는 실질적으로 '노동자'에게 달려 있는 반면, '과학적 관리'하에서는 문제의 반은 '경영자측'에게 달려 있다.

아마도 '과학적 관리'에서 가장 탁월한 하나의 요소를 꼽는다면, 이는 '업무목표 또는 과업(task)'에 대한 아이디어일 것이다. 모든 노동자들의 '업무목표'는 적어도 하루 전에 경영자측에 의해 완전히 계

---

7) 예를 들어, 일반 기계공장에서의 '과학적 관리'에 사용되는 데이터의 양은 수천 페이지에 달한다.

획이 수립되어지고, 대부분의 경우 모든 노동자들은 작업을 하는데 사용될 방법은 물론, 그가 완수해야 할 임무를 상세히 기술한 완전히 문서화된 지시사항을 받게 된다. 그리고 이런 식으로 먼저 계획된 작업은 위에서 설명되어진 대로 노동자 단독에 의해서가 아니라 대부분의 경우 노동자와 경영자측의 협동작업에 의해 해결되어야 할 임무로써 구성된다. 이 문서화된 업무지시는 무엇을 할 것인지는 물론, 어떻게 해야 할지 그리고 업무 수행에 허용된 시간까지를 명시하고 있다. 그리고 만약 노동자가 그의 '업무목표'를 올바르게 제한된 시간내에 완수하면, 그는 그의 평상시 임금의 30퍼센트 내지 100퍼센트를 더 받게 된다. 이러한 '업무목표'들은 아주 세밀하고 조심스럽게 계획되었기 때문에, 이 '업무목표'들을 수행하기 위해서 작업자는 성실하고 조심스럽게 작업하여야 한다. 하지만, 어떤 경우에라도 노동자의 건강을 해칠 정도의 속도로 작업하도록 설정된 것은 결코 아니라는 것을 독자들은 명백히 인식하여 주기 바란다. 이 '업무목표'는 만약 적성에 맞는 노동자가 이를 수행할 경우, 비록 오랜 기간 동안 이런 속도로 일을 하여도, 과로하지 않고, 더 행복해지고, 더 부유해지도록 항상 조정되어 있다. '과학적 관리'는 바로 이 같은 '업무목표'를 준비하고 실행하는 것이 구성요소의 큰 부분을 이루고 있다.

필자는 아마도 이 책을 읽는 대부분의 독자들에게 새로운 경영체제인 '과학적 관리'와 옛날의 경영체제를 구별하는 네 가지 요소들이 처음에는 단지 미사여구로만 느껴지리라는 것을 잘 알고 있다. 그리고 필자는 독자들에게 단지 '그런 것이 있다'라고 말하는 것만을 통해 '과학적 관리'의 가치를 설득할 생각은 없다는 것을 다시 되풀이해서 말한다. 필자는 실제적인 사례를 열거함으로써 이 네 가지 요소들의 엄청난 힘과 효과를 설명하고, 독자들에게 이들 네 가지 요소에 대한 확신을 전달하고자 한다. 처음에는 이들 원칙들이 아주 초보적인 작업에서부터 매우 복잡한 작업에까지 모든 종류의 작업에 적용될 수 있다는 것이 보여질 것이다. 그리고 두 번째로는 이들 원칙들이 적용되었을 때 그 결과가 필연적으로 '솔선과 격려'의 경영하에서 얻어질 수 있는 것보다 압도적으로 클 수밖에 없다는 것이 보여질 것이다.

선철운반작업의 사례

첫 번째 예는 선철덩어리를 나르는 것이다. 이 일이 선택되어진 이유는 아마도 이것이 사람에 의해 행해지는 가장 원시적이고 초보적인 작업의 전형적인 형태일 것이기 때문이다. 이 작업은 다른 도구 없이 손만으로 행해진다. 선철 운반자는 허리를 굽히고, 약 92파운드의 선철을 집어 올리고, 몇 걸음이나 몇 야드(yard)를 걸어간 다음 땅위나 선철더미 위에 그것을 내려놓는다. 이 일은 성격상 너무 원시적이고 초보적이어서, 필자는 지능이 높은 고릴라를 사람보다 더 유능한 선철 운반자로 훈련시킬 수도 있다고 확실히 믿고 있다. 그러나 선철 운반작업에 적용되는 과학은 상당히 높은 수준의 것이기 때문에, 선철 운반작업에 가장 적합한 사람에게 이 과학의 원리를 이해시키는 것은 불가능하며, 심지어 그들이 그들의 지도자의 도움 없이 스스로 이 원리들을 적용해서 일을 하는 것이 불가능하다는 것을 보여주고자 한다. 그리고 대부분의 기계기술에서 노동자의 행동의 기초가 되는 과학은 너무 방대하고 높은 수준의 것이라서, 그 작업을 하는 데에는 가장 적합한 노동자 자신들도 이들 과학을 이해하기는 어렵다는 것이 일반적인 원리로서 선포된다. 이의 진실성은 추후의 사례를 통하여 명백해질 것이다. 선철을 다루는 작업에서 네 가지 요소를 보인 뒤, 기계기술분야에서도 가장 단순한 작업부터 매우 복잡한 형태의 작업까지 몇 등급에 걸쳐 이들 요소들의 적용에 대한 몇 가지 예가 추가로 제시될 것이다.

필자가 '과학적 관리'를 베들레헴 제철소에 도입하기 시작했을 때 착수했던 첫 번째 일은 선철을 옮기는 작업에 관한 것이었다. 스페인 전쟁의 발발당시에, 공장에 인접한 들판에는 약 80,000톤에 달하는 선철 더미들이 쌓여 있었다. 그때는 선철 가격이 너무 싸서 팔아봤자 아무 이득도 없었다. 스페인 전쟁의 발발과 함께 선철의 가격이 상승하고, 이 많은 선철 더미들이 팔리게 되었다. 이것은 공장의 소유주와 경영자는 물론 노동자들에게 아주 초보적인 작업을 하는데 있어서도 구식의 '개수급 제도' 보다 '업무목표 제도'가 더 나음을 꽤 큰 규모로 보여주는 아주 좋은 기회였다.

베들레헴 제철소는 다섯 개의 용광로를 갖고 있었는데 거기서 생산되는 산출물들은 선철을 다루는 한 노동자 그룹에 의해 여러 해 동안 다루어져 왔다. 이 그룹은 그 당시 약 75명으로 구성되어 있었다. 그들은 평균적으로 선철을 잘 다루는 사람들이었고, 과거에 선철을 다루었던 유능한 십장 아래 있었고, 대체로 그 당시 다른 어떤 제철소에 못지 않게 빨리 그리고 값싸게 일을 수행하고 있었다.

상황을 좀 더 자세히 설명하자면, 철로 지선이 선철 더미의 끝을 따라 들판에 놓여 있었으며, 작업할 때에는 기울어진 널판지가 화차 옆 모서리에 놓여지고, 각 노동자들은 약 92파운드 무게의 선철 한 덩어리를 더미로부터 집어올린 후 기울어진 널판지를 걸어 올라가서 화차의 안쪽 끝에다 내려놓았다.

우리는 이 그룹이 하루에 한 사람당 평균 약 12.5톤의 선철을 화차에 적재하고 있다는 것을 알아냈다. 우리는 그 문제를 과학적으로 연구한 결과, 놀랍게도 일류의 선철 운반자는 하루에 12.5톤 대신에 47톤 또는 48톤의 선철을 운반할 수 있다는 사실을 알아냈다. 이 업무량은 우리가 보기에 너무 과다한 것 같아서 이것이 옳다는 것을 완전히 확신하기 위해서는 우리의 연구를 몇 번이고 되풀이 해야만 했다. 그러나 우리가 일류의 선철 운반자에게 하루 분량의 일로서 47톤이 적당하다는 것을 확신했을 때, 합리적인 경영인으로서 우리가 해야 할 일은 명백한 것이었다. 즉 80,000톤의 선철이 이전과 같이 하루에 일인당 12.5톤의 비율로 수행되는 것 대신에, 일인당 47톤의 비율로 화차에 올려지도록 하는 것은 우리의 임무라고 할 수 있다. 그리고 파업을 야기시키거나 노동자와의 아무런 분쟁도 없이 이같은 변화가 시행되어 지고, 동시에 47톤의 업무를 수행하면서도 이전의 12.5톤의 비율로 적재할 때보다 노동자들이 더 행복해지고 더 만족할 수 있도록 하는 것 또한 우리의 임무였다.

우리의 첫 번째 업무는 노동자를 과학적으로 선발하는 것이었다. 이런 새로운 형태의 경영하에서는 한 번에 단지 한 개인만을 다루는 것이 불변의 규칙이다. 왜냐하면 각각의 노동자는 개인 특유의 능력과 한계가 있으며, 우리는 집단보다는 각 개인을 최고의 능률과 번영의 상태로 발전시키려고 노력하기 때문이다. 우리 작업의 첫 단계는 함께 시작할 적당한 노동자를 찾는 것이었기 때문에, 우리는 삼사일 동안 조심스럽게 이들 75명의 노동자들을 관찰하고 연구했다. 그리고 비로소 하루에 47톤의 비율로 선철을 운반할 만큼 신체적으로 적합해 보이는 4명을 추려냈으며, 이 네 사람에 대해 연구를 계속하였다. 우리는 가능한 한도까지 그들의 경력을 조사하였고, 성격과 습관, 야망들도 면밀히 조사하였다. 마침내 우리는 그 네 사람 중에서 우리와 함께 일을 시작하기에 가장 적합해 보이는 한 사람을 선발하였다. 그는 갓 이민 온 네덜란드계 펜실베니아 주민이었는데, 저녁에 일을 끝내고 집에 돌아갈 때면, 집까지의 약 1~2마일 거리를 아침에 출근할 때와 거의 다름없이 가볍게 뛰면서 돌아가는 사람이었다. 우리는 그가 하루 1.15달러의 임금을 저축하여 조그마한 땅을 샀으며, 아침 출근 전과 저녁 퇴근 후에는 혼자서 자기 집의 벽을 쌓고 있다는 것을 알아냈다. 그는 또한 매우 '인색'한 —즉, 달러에 매우 큰 가치를 두는— 사람이라는 평판을 듣고 있었다. 우리가 그에 관해 물었을 때 "아마도 1페니가 그에게는 마치 마차바퀴만 해 보일걸요."라고 말하는 사람들도 있었다. 우리는 이 사람을 슈미트라고 부르도록 하자.

이제 우리가 해야 할 일은 슈미트씨로 하여금 하루에 47톤의 선철을 나르도록, 그것도 기꺼이 하도록 하는 것으로 압축될 수 있다. 이 일은 다음과 같은 과정을 통하여 이룩되었다. 슈미트씨를 선철 나르는 사람들 중에서 불러온 후 다음과 같은 대화가 진행되었다.

"슈미트씨, 당신은 높은 임금을 받을 자격이 있는 일류작업자입니까?"

"에, 그게 무슨 뜻이지요?"

"제 말은 당신이 일류작업자인지 아닌지 알고 싶다는 말입니다."

"에, 아직도 그 의미를 잘 모르겠는데요?"

"오, 제 뜻은 당신이 싼 임금을 받는 다른 작업자와 같은 사람인지 또는 더 많은 임금을 받을 자격이 있는 사람인지를 알고 싶다는 말입니다. 제 말은 당신이 하루에 일당 1.85달러를 벌고 싶은지 또는 다른 작업자들이 버는 것과 같은 1.15달러에 만족하는지를 알고 싶다는 말입니다.”

“아, 하루에 1.85달러를 벌고 싶냐고요? 그리고 그것이 일류작업자라고요? 예, 저는 일류작업자가 되고 싶습니다.”

“아 참 답답하군요. 물론 당신도 다른 사람과 마찬가지로 하루에 1.85달러라는 높은 임금을 받고 싶을 겁니다. 당신이 그같이 받고자 희망한다는 것과 당신이 일류작업자라는 것과는 아무런 관련이 없다는 것을 당신도 잘 알고 있을 것입니다. 자, 우리 시간을 절약하기 위해서 단도직입적으로 이야기합시다. 이리 와 보십시오. 저기 선철더미가 보이지요?”

“예”

“저기 화차도 보이지요?”

“예”

“만일 당신이 일류작업자라면 당신은 내일 바로 저 선철더미를, 저 화차에, 하루에 1.85달러를 받고, 실어 날라야 합니다. 자, 이제 당신이 일류작업자인지 아닌지 답해보십시오.”

“에, 만일 내일 내가 저 선철더미를 저 화차에 옮겨 싣기만 하면 1.85달러를 받을 수 있습니까?”

“물론이지요. 그리고 만일 당신이 저만큼의 선철더미를 1년내내 실어 나를 수만 있다면, 매일 1.85달러를 벌 수 있습니다. 바로 그런 작업자가 일류작업자입니다. 이제 당신은 일류작업자가 무엇인지를 잘 알겠지요.”

“예, 그렇습니다. 나는 내일 저 선철더미를 일당 1.85달러에 저 화차에 옮겨 실을 수 있으며, 매일 그만큼을 벌 수도 있습니다. 그렇지요?”

“그렇고 말구요.”

"예, 그렇다면 저도 일류작업자입니다."

"자, 잠깐만. 또 한 가지 조건이 있습니다. 당신 즉 일류작업자는 아침부터 저녁까지 지시받은 대로만 움직여야 함을 명심하여야 합니다. 당신은 여기 이 사람을 본 적이 혹시 있나요?"

"아니요. 전혀 본 적이 없습니다."

"자, 만약 당신이 일류작업자라면 당신은 내일 아침부터 저녁까지 이 사람이 당신에게 지시하는 대로만 하여야 합니다. 그가 당신에게 선철을 집어 들고 걸으라면 걷고, 그가 당신에게 앉아서 쉬라고 하면 쉬어야 합니다. 당신은 하루 종일 그렇게 일을 해야 합니다. 게다가, 반문해서도 안 됩니다. 즉, 일류작업자는 그가 지시받은 대로만 일해야 하고, 반문해서도 안 됩니다. 알겠어요? 그 사람이 당신에게 걸으라면 걷고, 앉으라면 앉고, 그에게 반문해서도 안 됩니다. 당신이 내일 여기에 와서 일하고 난 후 저녁 무렵이면 나는 당신이 진짜로 일류작업자인지 아닌지 알게 되겠지요."

이 이야기가 너무 거칠게 보일지도 모른다. 만약 그가 교육받은 기계공이나 영리한 노동자였다면 정말 그렇게 생각될 것이다. 그러나 슈미트씨처럼 갓 이민 와서 영어가 서투르며, 지적반응이 느린 사람에게 그것은 적당했고 불친절한 것은 아니었다. 왜냐하면 그 같은 방식으로 말하는 것은 그의 주의를 그가 바라는 높은 임금에 집중시킬 수 있었고, 그의 생각에서 그 일이 엄청나게 힘들다는 것을 멀리하게 해주었기 때문이다.

'솔선과 격려'의 경영체제하에서 흔히 볼 수 있는 것처럼 슈미트씨가 다음과 같은 말을 들었다면 슈미트씨의 대답은 어떠했을 것인가?

"자, 슈미트씨, 당신은 일류 선철작업자이고, 또한 당신은 당신의 일을 잘 알고 있습니다. 당신은 하루에 약 12½톤의 선철을 다루어 왔습니다. 나는 선철작업에 대한 꽤 많은 연구를 수행한 결과 당신은 이제까지 당신이 해왔던 것보다 하루에 훨씬 많은 양의 일을 해낼 수 있으리라 믿습니다. 정말로 하고자 했다면, 당신은 12½톤 대신에 47톤의 선철을 다룰 수 있으리라고 생각하지 않습니까?"

여기에 대한 슈미트씨의 대답이 어떠했을 것으로 짐작되는가?

슈미트씨는 그의 뒤에서 시계를 들고 서 있는 사람에게 일정한 간격으로 지시를 받으며, 하루 종일 일하기 시작하였다.

"자, 이제 선철을 들고 걸어요. 이제 앉아서 쉬어요. 지금 걷고, ---, 지금은 쉬고" 등등.

그는 일하라고 할 때 일했고, 쉬라고 할 때 쉬었다. 그 결과 오후 5시 30분경에 그는 47½톤의 선철을 화차에 옮겨 싣게 되었으며, 필자가 베들레헴 제철소에서 일하고 있던 3년 동안, 그는 그에게 주어진 작업을 이러한 수준으로 해 나가는 데 있어 한번도 실패한 적이 없었다. 그리고 그전까지 그는 당시 베들레헴 제철소의 일반적인 임금수준이던 1.15달러 이상을 받아본 적이 없었으나, 그 3년 동안 내내 하루에 평균 1.85달러 이상을 받았던 것이다. 즉, 그는 '목표업무 시스템'에 의거한 작업에 참여하지 않은 다른 노동자에 비해 60퍼센트 더 높은 임금을 받은 것이다.

그 후, 차례로 한두 사람씩 더 선발되어서 하루에 47½톤의 선철을 다룰 수 있을 때까지 훈련받았다. 그리고 이들도 다른 작업자들보다 60퍼센트 더 많은 임금을 받게 되었다.

이상으로 필자는 과학적 관리를 구성하는 기본적인 네 가지 요소 중 세 가지에 대해서 짧게 설명한 셈이다. 첫째는 작업자의 신중한 선발이고 둘째, 셋째는 작업자에게 동기를 부여하여 주는 방법과, 작업자가 과학적 방법에 의거하여 일할 수 있도록 도와주며 훈련시키는 것이다. 선철 작업에 있어서의 과학에 대하여는 아직 아무런 이야기도 하지 않은 셈이다. 그러나 이 설명을 마무리할 때쯤에는 독자들도 선철을 다루는 데에도 과학적인 작업 방법이 있으며, 더욱이 이러한 과학적 법칙은 선철작업을 수행하기에 적합한 노동자들로서는 그의 상사로서 그를 도와주는 사람이 없이는 그것을 이해하지도 또 거기에 맞추어 작업해 나가기도 힘들 것임을 확신하게 될 것이라고 필자는 굳게 믿는다.

관리자로서 필자의 뼈아픈 경험

여기서 잠시 필자의 경험을 한 가지 소개하고자 한다. 목형공 및 기계공의 도제로서의 경력을 거친 후 필자는 1878년에 미드베일 제철소의 기계 가공 공장에 들어갔다. 그때는 아직 1873년 공황 뒤의 긴 불경기가 끝나기 전이어서 기계공들이 자신에 맞는 일자리를 찾는 것이 매우 어려웠다. 이 때문에 필자는 기계공이 아니라 임시직 노동자로서 일을 시작할 수밖에 없었다. 운이 좋게도 필자가 공장에 들어간지 얼마되지 않아서 그곳의 사무원이 물건을 빼돌리다가 발각되고 말았다. 그곳의 다른 직공보다 더 많이 배웠고(필자는 대학에 들어가려고 준비해왔었기 때문에) 또 다른 마땅한 사람이 없었기 때문에 필자가 그 자리를 맡게 되었다. 얼마되지 않아 그는 선반을 다루는 기계공으로 일하게 되었고, 다른 선반공들보다 더 많은 작업을 하는 것이 인정되어서 몇 달 뒤에는 선반공들의 십장(gang boss)이 되었다.

이 공장의 거의 대부분의 일은 과거 수년 동안 생산 개수에 따라 임금이 지급되는 방법으로 수행되었다. 그 당시에는 일반적이었고,

지금도 이 나라의 거의 대부분의 공장에서 그러하듯이, 그 공장은 실지로는 십장에 의해서라기보다는 노동자들에 의해 움직여졌다. 작업자들은 각각의 일이 얼마나 빨리 수행되어야 하는지에 대해 함께 조심스럽게 계획을 세웠고, 공장 전체에 걸쳐 각각의 기계의 작업수준을 설정하였다. 그런데 이 같은 작업수준은 대략 작업 가능한 양의 $\frac{1}{3}$ 정도의 수준에 불과한 것이었다. 이 공장에 처음 들어오는 신참들은 곧 각각의 작업을 어느 정도의 수준으로 해야 하는지에 대해서 고참들에게 듣게 되었고, 만일 그 말을 듣지 않을 경우 그는 오래지 않아 다른 작업자들에 의해 쫓겨나는 것이 틀림없었다.

　필자가 작업장의 십장이 되자마자 작업자들이 하나 둘씩 필자를 찾아와 이런식의 이야기를 하였다.

　"여보게, 프레드. 자네가 십장이 된 것을 축하하네. 물론 자네도 잘 알고 있겠지만, 우리는 자네가 우리의 예전의 관행을 깨뜨리고 생산 개수의 노예가 되려고 하지는 않을 것이라고 믿고 있네. 우리에게 협조하면 모든 것이 잘 되겠지만 만약 자네가 생산량에 대해서 어떤 한 부분이라도 바꾸려 든다면, 우리는 자네를 저 담장너머로 날려 버릴걸세."

　필자는 그들에게 자신은 이제 경영자측의 일을 맡게 되었다는 것을 담담히 말하고, 선반공들이 하루의 공평한 노동량을 채울 수 있도록 자신이 할 수 있는 모든 수단을 강구할 것임을 알렸다. 이것은 즉시 하나의 분쟁을 유발시켰다. 필자의 밑에 있는 작업자들은 필자의 개인적인 동료였기 때문에 대부분의 경우 분쟁은 우호적인 것이었다. 그럼에도 불구하고, 시간이 갈수록 분쟁은 더욱 심각해져만 갔다. 필자는 어떠한 형태의 개선도 이루려고 하지 않는 사람들에게는 임금을 깎는다거나 해고하는 식으로, 그들이 공평한 하루의 노동량을 채우도록 모든 방법을 사용하였다. 그리고 낮은 개수급에 새로 고용된 신참들에게는 어떻게 작업해야 하는지에 대해 직접 가르치면서, 만약 그들이 작업방법을 모두 배운 후에는 반드시 매일매일 공평한 하루분의 노동을 완수할 것이라는 약속을 받아내는 등의 일을 하였다. 그런 반면에 기존의 작업자들은 산출을 늘리기 시작하는 신참 모두에게 압력(작업장 안팎에서)을 가하여, 결국 신참 작업자들이 나머지 사람들의 작업량에 보조를 맞추거나 아니면 직장을 그만두게 만들었다.

이러한 경험을 해보지 못한 사람은 그러한 싸움에서 점차적으로 야기되는 쓰라림을 알지 못할 것이다.

이런 종류의 싸움에서 노동자들이 사용할 수 있는 대개의 경우에 유효한 수단이 하나 있는데, 그것은 자신이 다루고 있는 기계를 — 겉보기에는 사고에 의해서라든지 작업을 하다보면 으레 그런 것처럼 — 부서뜨리거나 고장내는 데에, 그들의 창의력을 다양한 방법으로 활용하는 것이다. 그리고 그들은 이러한 고장의 원인을 그들에게 기계를 과도하게 다루어서 고장내게끔 만든 현장 주임 탓으로 돌리는 것이었다. 실제로 이러한 조직적인 압력에 견디어낼 만한 현장 주임도 거의 없을 것이다. 더욱이 우리 공장은 밤낮으로 작업하기 때문에 문제는 매우 심각하였다.

그러나 필자는 보통의 현장 주임이 가지지 못한 두 가지의 이점을 가졌는데 그것은 매우 기묘하게도 필자가 노동자의 아들이 아니라는 사실에서 온 것이었다.

첫째는, 부모가 노동자가 아니었기 때문에 회사의 소유주들은 필자가 다른 노동자보다 일에 관해 더 진실된 관심을 가지고 있다고 믿었고, 그 때문에 그들은 필자의 밑에 있는 노동자의 말보다는 필자의 말을 더 믿어주었다. 그래서 기계공들이 부장에게 무능한 현장주임이 기계를 무리하게 운영시켜서 기계가 부서졌다고 보고할 때에도, 부장은 현재 진행 중인 '작업수량에 관한 분쟁'의 일환으로 그들이 고의적으로 기계를 부수고 있다는 필자의 말을 받아 들였고, 필자에게 노동자측의 이러한 파괴 행위에 대한 유일한 효과적 대답을 하도록 허락하였다. 즉 "이제는 이 공장에서 더 이상의 기계고장은 없어야 하며, 만약 기계의 한 부분이라도 부서진다면 그 기계를 맡고 있는 노동자는 최소한 그것의 수리비용의 일부라도 지불해야 합니다. 이런식으로 해서 모인 벌금은 병든 노동자를 돕기 위한 상조회에 넘겨질 것입니다." 이 조치는 곧 고의적인 기계파괴를 멈추게 하였다.

둘째는, 만약 필자가 노동자의 한사람으로서 그들이 사는 곳에 살았었더라면, 그들은 필자가 견디기 힘들 정도로 강한 사회적 압력을 가했을 것이다. 예를 들어, 그가 거리에 나타날 때마다 '배신자'라는 등 여러 가지 비열한 이름으로 불러대거나, 그의 아내나 그의 아이들은 돌팔매질을 당했을지도 모른다. 한두 번인가 노동자들 중에서 친구 몇이 그를 찾아와 집까지의 2마일 반 정도 되는 철로변 인적이 드문 길을 걸어서 돌아가지 말라는 부탁을 하기도 하였다. 만약 필자가 계속 그렇게 한다면 생명이 위험할지도 모른다는 얘기도 했다. 그러나 그런 대부분의 경우에 겁을 내는 것처럼 보인다면 위험을 줄이기보다는 늘리기 쉬우므로, 필자는 그 친구들에게 "나는 매일 밤 기찻길을 따라 귀가한다, 또 나는 결코 어떤 형태의 무기도 지니지 않으며 그들이 원한다면 쏘아서 죽일수도…"라고 공장의 다른 사람들에게 전하라고 했다.

이런 형태의 싸움이 약 3년간 지속된 뒤에 기계의 산출량은 크게 늘어났다. 많은 경우 배가되기도 하였다. 그리고 이 결과 필자는 여러 작업의 십장을 거쳐 그 공장의 직장(foreman)으로까지 승진하였다. 그러나 정신이 올바른 사람이라면, 이러한 고속 승진이 그가 주위의 사람들과 유지하고 있는 그와 같이 쓰라린 관계에 대한 보상이 될 수 있다고는 생각지 않을 것이다. '다른 사람과의 계속적인 분쟁 속에서의 삶'이란 살만한 가치가 없는 것이기 때문이다. 필자의 노동자 친구들은 필자에게 꾸준히 찾아와 "우리 노동자들 자신의 최상의 이익을 위해서라도 더 많은 생산을 하는 것이 좋다고 충고하겠느냐?"고 사적이고도 우호적인 방법으로 물어보곤 하였다. 그리고 정직한 사람으로서, 필자는 그들에게 "만약 내가 당신들의 입장에 처해 있더라도, 현재의 임금체계에서는 힘만 더 들 뿐 당신들이 지금까지 받아왔던 임금보다 더 많이는 받을 수 없기 때문에 생산량을 늘리는 것에 대해 지금 당신들이 하는 것처럼 저항할 것이다"라고 말할 수밖에 없었다.

따라서 직장으로 승진한 후 곧, 필자는 경영자와 노동자가 대립하는 대신 서로의 이해가 일치하도록 어떤 식으로든 경영체제를 바꾸기 위해 노력해 보리라는 결연한 결심을 하게 되었다. 이것이 바로 약 3년 뒤에 미국 기계공학회(American Society of Mechanical Engineers)에 '생산 개수에 따른 능률급 제도(A Piece–Rate System)' 혹은 '공장관리(Shop Management)'라는 제목하에 소개된 새로운 형태의 경영의 시작이 된 것이다.

과학적 관리는 과학적 공평성에 근거

이러한 시스템을 준비하면서 필자는 '경영자와 노동자 사이의 조화된 협력관계'를 수립하는데 있어 가장 큰 장애물은 '경영자와 노동자 모두에게 공평한, 하루의 적정 작업량은 얼마만큼인가?'에 대한 경영자측의 무관심이라는 것을 깨달았다. 필자는 비록 자신이 직장의 직위에 있지만 그의 밑에 있는 노동자들의 합쳐진 지식과 기술은 자신보다 훨씬 크다는 것을 충분히 인식하고 있었다. 그래서 그는 그 당시 미드베일 제철소의 사장이었던 윌리엄 셀러즈(William Sellers)씨로부터 공장내 여러 종류의 작업의 소요 시간에 대한 세밀하고도 과학적인 연구를 위한 자금 사용의 허가를 얻어 내었다.

셀러즈씨는 다른 어떤 이유에서라기보다 어느 정도는 필자가 현장주임으로서 작업자들로부터 많은 작업량을 얻어낸 것에 대한 보상으로 이를 허락하였다. 어쨌든 그는 이런 종류의 어떠한 과학적 조사도 무언가 가치 있는 결과를 얻어내리라고는 믿지 않았었다고 토로한 바 있다.

노동량과 피로의 상관관계

이 당시에 실시되었던 몇 가지의 조사 중 한 가지는 아주 힘든 일을 하는 경우 그 작업에 매우 적합한 작업자가 하루에 얼마만큼의 일을 할 수 있는지를 현장주임이 미리 알 수 있는 어떤 규칙이나 법칙을 찾으려는 것이었다. 즉 일류 노동자의 힘든 작업에 대한 피로도의 연구였다. 우리는 첫 단계 작업으로 이러한 연구에 대해 쓰여진 모든 영어나 불어, 독일어 서적을 찾아보기 위해 대학을 졸업한 젊은이를 고용하였다. 조사 결과 두 종류의 실험이 수행된 바 있음을 찾아내었는데, 하나는 인간의 인내력에 대해서 연구했던 생리학자에 의해서, 다른 하나는 인간의 힘이 말의 힘의 몇 퍼센트에 해당되는지를 결정하고자 하는 엔지니어에 의한 것이었다. 이 실험들은 하중이 걸려있는 윈치(winch)의 크랭크를 돌림으로써 물건을 들어 올리거나 또는 걷거나 달리거나 기타 다양한 방법으로 물건을 들어 올리는 실험을 여러 사람들이 수행하는 것에 관한 것들이었다. 그러나 이들 실험의 결과는 매우 빈약해서 그것으로부터는 아무런 가치 있는 규칙성도 찾아낼 수 없었다. 따라서 우리는 우리 자신의 새로운 실험을 시작하게 되었다.

매우 튼튼하며 또한 착실한 일류 노동자 두 사람이 선발되었다. 이 사람들은 실험기간동안 두 배의 임금을 받았으며, 매시간마다 그들이 할 수 있는 최상의 능력으로 일하도록 요구되었다. 게다가 우리는 미리 그들에게 우리가 종종 그들이 꾀를 부리는지 아닌지를 테스트할 것이며, 만약 그들 중 누군가가 우리를 속이려 시도했다든지 할 때에는 그 사람은 곧장 해고당할 것임을 경고하였다. 그들은 연구기간 내내 그들의 최선을 다하였다.

이들 실험을 통하여 우리가 찾고자하는 것은 인간이 짧은 시간동안 또는 단지 며칠 동안만 지속할 수 있는 '최대 작업량'이 아니라 '일류 노동자에 있어 하루의 공정한 노동량이 과연 얼마큼인가?'라는 것에 있다는 점을 명백히 이해해야만 할 것이다. 즉 단기간이 아니고, 몇 년에 걸쳐 같은 비율의 일을 하면서도 지치지 않고, 개인적으로도 번창할 수 있는 최적의 작업량을 알고자 하는 것이다. 이들 노동자들은 공장내에서 수행되는 모든 형태의 작업을 수행하도록 지시받았다. 또한 그 작업들은 매일 실험을 지도하며 동시에 노동자들이 수행하는 모든 동작의 적정시간을 초시계로 측정하는, 앞서 언급된 바 있던 '대학을 졸업한 그 젊은이'의 세심한 관찰하에서 실시되었다. 실험의 결과에 영향을 줄 수 있다고 생각되는 작업과 관련된 모든 요소들이 신중하게 조사되고 기록되었다. 우리가 궁극적으로 결정하고자 했던 것은 '인간이 해낼 수 있는 일의 양은 몇 마력에 해당되는가?' 하는 것이었다. 즉 얼마만큼의 후트-파운드(foot-pounds)의 일을 인간이 하루에 해낼 수 있는가 하는 것이었다.

따라서 이러한 일련의 실험이 끝난 후에 각각의 노동자의 하루 노동량은 후트-파운드의 일에너지로 환산되었는데, 그 결과 놀랍게도 우리는 인간이 하루 동안 소모한 일에너지와 그의 작업으로 인한 피로도에는 균일한 상관관계가 없다는 것을 알게 되었다.

어떤 종류의 일에는 1마력의 ⅛도 안 되는 일을 하고서는 지쳐버리기도 하는 반면에 다른 작업에서는 1마력의 ½ 이상의 일을 하고서도 그보다 덜 지치기도 하였다.

결국 우리는 '일류 노동자의 하루 최대 노동량을 알려줄 수 있는 정확한 규칙'을 찾는 데에는 실패하였다. 하지만 그간의 여러 실험에서 하루의 적정한 노동량이 무엇인가를 알아내는데 필요한 많은 귀중한 자료가 얻어졌다. 그러나 그 시점에서 우리가 찾고자 하는 규칙의 규명을 위해서 더 이상의 돈을 쓴다는 것은 어리석어 보였다. 몇 년 뒤, 이 같은 실험을 위한 충분한 자금이 확보되자, 일련의 두 번째 실험이 첫 번째 실험과 유사하게 그렇지만 전보다는 더욱 철저하게 행해졌다. 그러나 이 실험도 첫 번째 실험과 마찬가지로 규칙을 규명하지는 못하고 귀중한 자료만을 얻는 것으로 끝나고 말았다. 다시 몇 년이 흐른 뒤 세 번째의 일련의 실험들이 계속되었으며 우리는 이 실험을 완벽하게 수행하기 위해서 모든 노력을 기울였다. 아무리 사소한 요소라 할지라도 그것이 어떤 형태로든 결과에 영향을 미칠 것이라 생각되면 세심하게 조사되고 기록되었다. 이 실험에는 두 사람의 대학생이 석달 동안 헌신적으로 일해 주었다. 이 자료들이 각 사람이 하루에 행한 일에너지로 환산되었을 때, 그가 하루에 소모한 일에너지와 작업의 피로도는 어떠한 직접적인 관계가 없다는 것이 확실해졌다. 그러나 필자는 일류 노동자의 공정한 하루 동안의 일의 구성요소에 관한 명확하고 뚜렷한 법칙이 있으리라는 신념을 여전히 가지고 있었으며, 특히 이번의 실험자료는 매우 세심하게 수집되고 기록되었기 때문에 그는 그 자료 어딘가에 필요한 정보가 담겨 있으리라 확신하였다. 따라서 이러한 축적된 자료로부터 규칙성을 찾아내는 문제는 우리들 중에서 가장 수학에 뛰어난 칼 바쓰(Carl Barth)씨에게 넘겨졌다. 그리고 우리는 이 문제를 새로운 관점에서 조사해 보기로 결정하고 모든 요소를 그래프를 통해 곡선으로 표현해 보았다. 이로써 우리는 각 작업요소의 개괄적인 효과를 조망할 수 있었다. 이후 비교적 짧은 시간에 바쓰씨는 일류 노동자의 힘든 작업에서의 피로도를 지배하는 법칙을 찾아내었다. 그 법칙은 그 내용이 매우 쉽기 때문에 이러한 법칙이 수년전의 실험에서 발견되지 않은 것이 놀라울 정도였다. 발견된 법칙은 다음과 같다.

이 법칙은 작업자가 극도로 피로하여 인간 능력의 한계에 달하는 그런 류의 작업에 한하여 적용될 수 있다. 그것은 경보용 말보다는 짐마차를 끄는 말의 일에 비견될 수 있는 힘든 작업에 대한 규칙이다. 실지로 그런 모든 작업은 인간이 팔로 밀거나 당기는 등의 작업, 즉 인간의 힘으로 그의 손에 잡고 있는 물건을 들어 올리거나 미는 등의 작업으로 구성되어 있다. 그리고 이 규칙은 인간이 팔로 밀거나 당기는 작업을 행할 때 인간은 하루 중 제한된 비율의 시간동안만 그 일을 할 수 있다는 것이다. 예를 든다면, 약 92파운드 무게의 선철덩어리를 나르는 작업에서 일류노동자가 최적작업을 수행하기 위해서는 하루 중 약 43퍼센트 동안만 그것을 들고 있어야 하며, 나머지 57퍼센트는 손에 짐이 없어야 한다는 것이다. 그리고 짐의 무게가 점점 가벼워 질수록 하루 중 노동자가 짐을 들고 견딜 수 있는 시간의 비율은 증가하게 된다. 그래서 만약 작업자가 절반 무게인 46파운드의 선철을 다룬다면 그는 하루 중의 58퍼센트를 그 선철을 들고 견딜 수 있고 나머지 42퍼센트는 쉬어야만 한다는 것이다. 짐이 점점 가벼워 질수록 하루 중 들고 있을 수 있는 퍼센트는 늘어나게 되고, 마침내는 지치지 않고도 하루 종일 들고 다닐 수 있는 무게에까지 이르게 되는 것이다. 그 정도에까지 이르게 되면 이 법칙은 작업자의 노동한계에 대한 지침으로서 더 이상 유용한 자료가 될 수 없으며 따라서 인간의 노동능력에 대한 또 다른 법칙이 발견되어야만 했다.

노동자가 92파운드의 선철을 손으로 운반한다면, 그의 팔근육은 그가 움직이든 움직이지 않든 심한 긴장상태에 있기 때문에 그것을 들고 서있는 것이나 들고 움직이는 것이나 그를 지치게 만드는 것은 마찬가지이다. 그러나 움직이지 않고 짐을 들고만 있는 사람은 아무런 마력(일에너지)도 낸 것이 아니기 때문에 바로 이 점이 인간이 일을 하는데 있어서의 피로도와 소모한 일에너지와의 관계가 여러 가지 힘든 작업에 있어 일정한 관계가 없다는 점에 대한 설명이 되어주는 셈이다. 그리고 이런 종류의 일을 하는 노동자는 (그가 쉴 수 있도록) 자주 그의 손에 아무런 짐도 없어야만 하는 것이다. 사람이 매우 무거운 물건을 들고 있는 동안 그의 팔근육조직은 퇴화되기 시작하고, 따라서 충분한 혈액공급으로 이러한 근육조직이 평상시의 상태를 회복할 수 있도록 여유를 주기 위해서 잦은 휴식이 필요한 것이다.

다시 베들레헴 제철소의 선철작업자에게로 돌아가 보면, 만약 슈미트씨가 과학적 방법이나 기법을 이해하는 사람의 도움이나 지시 없이 47톤의 선철더미를 공략하도록 허락받았다면 높은 임금을 받고자 하는 그의 바람 때문에 결국 그는 그날 오전 11시나 정오 정도에는 탈진해버리고 말았을 것이다. 아마도 그는 계속해서 무리하게 일하려 했을 것이며, 따라서 그의 팔근육은 회복에 절대적으로 필요한 적절한 휴식 없이 계속 긴장상태에 있었을 것이고, 결국 그는 일찍 지쳐버리고 말았을 것이다. 그러나 이 같은 휴식의 법칙을 이미 이해하고 있고, 매일매일 작업자의 뒤에서 그가 적절하게 휴식하는 습관을 얻을 때까지 그를 지도했던 저 사람이 있었기에 그는 과도하게 자신을 혹사시키지 않고도 하루 종일 일정한 보조로 일을 해 나갈 수 있었던 것이다.

과학적 관리는 작업자의 과학적 선발에 근거

선철을 나르는 직업에 적합한 사람에게 우선적으로 요구되는 것은 그의 사고방식이 황소와 같이 묵직하고 둔감한 타입이어야 한다는 것이다. 정신적으로 민감하고 영리한 사람은 바로 그 이유 때문에 이런 류의 일에 적합하지 않다. 그에게 이런 종류의 작업은 지겹도록 단순한 일 밖에 되지 않기 때문이다. 따라서 선철을 다루는 데 가장 적합한 작업자는 이런 작업의 진정한 과학적 내용을 이해하지 못할 수밖에 없다. 그는 이런 분석적 방법에 매우 둔하기 때문에 '퍼센트'라는 말도 자신에게는 무의미할 뿐이다. 그러므로 그는 과학적 규칙에 맞추어서 일하는 습관을 갖추어 성공적으로 일할 수 있을 때까지 그보다 더 유능한 사람에게 교육받아야 하는 것이다.

필자가 믿는 바는 다음과 같다. 즉 심지어 가장 단순한 형태의 노동의 경우에도 과학적 원리가 적용될 수 있고, 게다가 이러한 류의 일에 가장 적당한 사람이 선발되고, 그 일을 하는 데 적용될 수 있는 과학적 원리가 발견되고 개발되어, 그 선발된 사람이 이 과학적 원리에 맞추어 작업에 숙련되었을 때 얻어진 결과는 필연적으로 '솔선과 격려'의 제도하에서 가능한 것보다 압도적으로 클 것임에 틀림없다는 것이다.

어쨌든 우리는 다시 이 선철을 다루는 사람들의 경우를 보자. 보통의 관리 형태일 경우 실질적으로 같은 결과를 얻는 것이 가능하였겠는가를 살펴보자.

필자는 많은 뛰어난 관리자들에게 다음과 같은 질문을 하여 본 적이 있다. "특별상여금, 개수급, 또는 어떤 다른 일반적인 관리제도 아래에서라도 작업자들이 하루 한사람 당 대략 47톤[8])까지 나르는

---

8) 많은 사람들은 일류노동자가 땅에서 화차까지 선철 47½톤을 하루에 적재할 수 있다는 말을 의심하여 왔다. 혹 의문을 가질 독자들을 위해 이 작업과 관련된 데이터를 다음과 같이 제시한다.
첫째. 우리 실험에 의하면 다음과 같은 법칙이 있음을 알 수 있었다.
선철 작업에 적합한 일류노동자는 하루 중 42퍼센트를 그것을 들고 있는 상태로 있을 수 있고 하루 중 58퍼센트는 반드시 빈손인 상태로 있어야 한다.
둘째. 야적장에 쌓인 선철더미를 인접한 철로에 서있는 화차에 적재시키는 작업에서, 작업자 한 사람은 반드시 하루에 47½톤(2,240파운드)을 날라야 하며 실제로 그들 작업자들은 정규적으로 이 같은 작업량을 완수하였다.
선철적재에 따른 지급액은 톤당 3.9센트이다. 그리고 작업자들은 과거에는 겨우 1.15달러를 지급받았었지만 지금은 하루당 평균 1.85달러를 지급받는다.
이러한 것뿐만 아니라 다음과 같은 사실도 알려졌다.
47½톤은 선철 106,400파운드에 해당한다.
선철덩어리 하나의 무게가 92파운드라면 이 같은 양은 하루당 1,156개의 선철덩어리에 해당된다.
하루의 노동시간이 600분이고 이의 42퍼센트라면 하루 중 252분 동안이 손에 쇳덩어리를 들고 있는 상태다. 252분을 1,156개의 선철덩어리 수로 나누면 선

것이 가능할 것 같은가?" 아무도 일반적인 장려수단으로 하루 18톤~25톤 이상이 가능하다고 대답한 사람은 없었다. 베들레헴제철소의 사람들이 일인당 겨우 12½톤을 적재하고 있었음을 상기하기 바란다. 어쨌든 문제를 더 세세히 파고들면, 작업자의 과학적인 선발이라는 관점에 있어서 75명의 선철 작업자의 집단에서 겨우 여덟 명 중 한 명꼴로만이 하루 47½톤을 나를 수 있는 신체적 요건을 갖추고 있었다. 여덟 명 중 다른 일곱 명은 최선을 다한다 할지라도 이러한 비율로 일할 수 있는 신체적 요건을 갖추지 못했다. 지금 이 일을 할 수 있다고 선택된 여덟 명 중 한 명은 어떠한 의미에서도 그 공장에서 일하는 다른 사람보다 우수하지 않다. 그는 단지 우연히 소와 같은 유형의 사람인 것뿐이다. 찾기 어렵다거나 높게 평가된다거나 하는 사람이 아니라 차라리 다소 우둔해서 오히려 대부분의 육체노동에도 부적합할 정도일 사람일 뿐이다. 즉, 이 선발이라는 것은 특출한 사람을 찾는 것을 의미하는 것이 아니라 단지 매우 평범한 사

철덩어리 하나당 0.22분 동안을 들고 있는 것이 된다.

선철 운반자는 평지에서 0.006분에 1피트의 비율로 걸어간다. 화차에서 선철더미까지 평균거리는 36피트이다. 하지만 선철운반 작업자 중 많은 사람이 경사진 널빤지를 건너 올라갈 때에는 선철을 가진 채 달려서 건넜고, 또한 많은 사람들이 화차에 적재한 후에 달려서 널빤지를 건너 내려오고 있었다. 따라서 실제의 작업에서는 많은 사람들이 위에 제시된 비율보다 빠르게 움직였다. 실질적으로 그들은 열 개에서 스무 개의 선철덩어리를 나른 후에는 보통 앉아서 쉬도록 지시받았다. 이 휴식은 차에서 선철더미로 돌아오는데 걸리는 시간과는 별도의 것이다. 이 만큼 많은 양의 선철을 적재하는 것의 가능성을 의심하는 사람들은 다음과 같은 점을 간과한 것 같다. 즉 작업자들이 되돌아올 때는 완전히 맨손이고 그래서 그 시간동안 근육은 회복할 여유를 갖는다는 것이다. 그래서 화차에서 선철더미까지의 거리가 평균 36피트인 경우, 이들은 매일 8마일은 짐을 지고 또 8마일은 맨손으로 걷는다는 사실을 이끌어낼 수 있다.

만약 이 수치들에 관심이 있는 사람이 있다면 이들 값들을 여러 가지 방법으로 곱하고 나누어볼 때, 위에 진술된 것들이 모두 정확하다는 것을 알게 될 것이다.

람들 가운데 특히 이러한 종류의 일에 적합한 사람을 고르는 것을 의미한다. 비록 우리는 기존의 이 집단에서는 여덟 명 중 한 명만을 선발할 수 있었지만, 우리가 필요한 모든 인원을 선발하는 데는 조금의 어려움도 없었다. 왜냐하면 공장내의 타 부서에서나 인근 지역에서 쉽게 이런 사람들을 선발할 수 있었기 때문이다.

'솔선과 격려'의 관리하에서의 관리자의 태도는 '작업은 작업자 책임으로' 라는 식이다. 옛날의 관리 형태하에서 작업자들이 자신들 중 선철 다루는 일에 가장 적당한 사람을 뽑는다는 것이 가능하겠는가? 그들이 자신들 집단으로부터 여덟 명 중 일곱 명을 제거하고 단지 여덟 번째 사람만을 남겨두는 것이 가능하겠는가? 천만의 말씀일 것이다! 게다가 작업자 자신들이 스스로 작업자를 선발하는 어떠한 방법도 고안될 수는 없을 것이다. 심지어 설령 그들이 만일 높은 보수를 받으려면 그렇게 해야 한다는 필요성을 완전히 깨닫더라도, 그들 바로 옆에서 일하고 있었던 형제나 친구들이 그 일에 적합하지 않으므로 일시에 직장을 잃어버리게 된다는 사실 때문에 그들 중 적합한 작업자를 선발하는 일, 즉 여덟 명 중에서 선철 다루는 일에 적합하지 않은 일곱 명을 제외시키는 일은 하지 못할 것이다.

과학의 개발과 적용은 경영진의 의무

기존 방식의 관리제도하에서 선철 작업자들이(타당한 방법으로 선발된 이후에) 심한 육체노동에 필요한 과학을 찾아낼 수 있을지의 가능성에 대하여 생각하여 보자. 즉 작업자들 스스로가 작업량을 최대한으로 올릴 수 있도록 적절한 작업시간에 이어 적절한 휴식시간을 과학적으로 결정할 수 있을지의 가능성에 대하여 생각하여 보자. 앞에서도 지적했듯이 일반적인 관리제도하에서의 기본 아이디어는, '각각의 노동자가 관리직의 어느 누구보다도 자신의 작업에 대해서 더 숙달된다는 것'과 그래서 '일하는 방법의 세부사항은 각각의 작업자에게 전적으로 맡겨둔다'는 것이다. 그렇다면 '유능한 교사가 각각의 작업자에게 새로운 작업방법을 가르쳐서, 궁극적으로는 각 작업자가 다른 누군가에 의해 개발된 과학적 작업방법대로, 규칙적이고 연속적으로 일하도록 만든다는 생각'은 '각각의 작업자만이 자신의 작업 방법을 가장 잘 조절할 수 있다'는 종전의 생각과는 완전히 상반되게 된다. 한 가지 더 고려되어야 할 사항은 '선철 다루는 작업에 가장 적합한 사람은 단순하고 육체적으로 강인한 사람이어야 하기 때문에 자신을 적절히 훈련시키거나 조절할 수 있을 만큼 똑똑하지는 못하다'는 점이다. 따라서 기존의 관리제도하에서는 주먹구구식의 옛날 작업방법을 대신할 '과학적 지식의 개발'이라거나 '작업자의 과학적 선발' 그리고 '이들 작업자를 과학적 법칙에 따라 일하도록 유도하는 것'은 완전히 불가능함을 알게 될 것이다. 왜냐하면 종전의 관리철학은 작업자에게 모든 것에 대한 책임을 지도록 하는 반면, 새로운 관리제도에서는 작업에 있어서의 상당 부분을 관리직의 책임 하에 두기 때문이다.

과학적 관리는 정말 모두에게 공평한가

대부분의 독자들은 직업을 잃게 되는 여덟 명 중의 일곱에게 큰 동정심을 가질 것이다. 그러나 동정할 필요는 없다. 왜냐하면 그들의 거의 대부분은 즉각 베들레헴 제철소에서 다른 직업이 주어졌기 때문이다. 그리고 선철작업에 부적격 판정을 받아 제외된 사람들에게는 이것이 얼마나 친절한 결정인지를 진정으로 이해하여야 한다. 왜냐하면 이것이야말로 그들이 그들의 적성에 맞는 직업을 찾아내어 적절한 훈련을 받은 후, 영원히 또 정당하게 더 높은 보수를 받을 수 있는 첫 걸음이기 때문이다.

삽작업의 사례

이제 비로소 독자들은 '비록 선철을 다루는데 있어서도 과학이 바탕에 깔려있음'을 확신하게 되었을지라도, '다른 종류의 노동에도 과학이 존재하고 있음'에 대해서는 아직도 회의적인 시각이 더 많을 것 같다. 이 글의 중요한 목표중의 하나는 바로 독자들에게 '모든 작업자의 모든 행동은 과학과 결부시킬 수 있다'는 것을 확신시키는 것이다. 독자들이 이러한 사실을 완전히 확신하기를 바라는 마음에서 필자는 수천가지의 예 중에서 간단한 몇 가지를 제시하고자 한다.

예를 들어, 보통 사람들은 '삽을 이용하여 물건을 실어 나르는 데에도 어떤 과학적 요소가 포함되어 있다'면 이를 의심할 것이다. 그러나 만약 어떤 현명한 이 글의 독자가 삽 운반작업에 있어서의 과학의 본질을 찾고자 나선다면, 아마도 15~20시간가량 생각하고 분석한 후에는 반드시 이 과학의 본질에 도달할 수 있을 것이다. 반면에 이 분야에는 아직도 주먹구구식의 사고방식이 너무나 뿌리 깊게 퍼져있어서, 필자는 삽작업에도 과학이 있다고 생각하는 토건업자를 아직껏 한 사람도 만나보지 못했다. 그러나 이 과학은 너무 기초적인 것이어서 거의 자명한 것들이다.

삽질에도 과학이 있다

일류급의 삽 운반 작업자에 있어, 그가 하루에 가장 많은 양을 실어 나를 수 있는 '한 번 삽질 당 최적의 삽질량'이 있을 것이다. 이 삽질량은 얼마인가? 그가 한 번에 5파운드, 10파운드, 15, 20, 25, 30, 아니면 40파운드씩 삽질할 때, 하루 동안에 가장 많은 일을 할 수 있는가? 이 같은 질문에 대한 답변은 세심하게 계획된 실험에 의해서만이 가능한 것이다. 두세 명의 일급 노동자를 선발하고, 성실하게 실험에 응할 것을 전제로 특별수당을 지급하면서 삽질량을 점차 바꿔 보았다. 작업에 수반된 모든 조건들이 이 같은 종류의 실험에 많은 경험이 있는 사람에 의해서 몇 주 동안 주의 깊게 관찰되었다. 그 결과 일류 노동자는 한번 삽질에 약 21파운드씩 나를 때 하루 동안에 가장 많은 양의 일을 할 수 있다는 것을 발견했다. 다시 말하자면, 이 사람은 삽질 당 24파운드 또는 18파운드씩 나를 때보다도, 21파운드일 때 하루에 더 많은 양의 일을 할 수 있었다. 물론 작업자가 매 삽질마다 항상 정확하게 21파운드씩을 나를 수는 없다. 그러나 비록 때로는 적재량이 3~4파운드씩 21파운드의 위쪽으로든 또는 아래쪽으로든 차이가 나더라도, 하루 평균 한 번에 21파운드씩 날랐을 때 하루에 가장 많은 양의 일을 할 수 있을 것이다.

필자는 이것만이 삽 작업과 관련된 과학의 전부라고 이해되지 않기를 바란다. 이외에도 많은 다른 요소가 있다. 그러나 필자는 다만 과학적 지식의 이 한 부분이 삽 작업에 미치는 중요한 효과를 나타내고자 할 따름이다.

예를 들어, 베들레헴 제철소에서는 위의 과학적 법칙의 결과로서 각각의 삽질작업자가 자신의 삽을 골라갖게 하는 대신에 8~10가지의 다른 종류의 삽을 제공할 필요가 생겼다. 이 삽들은 각각 주어진 적재물의 취급에 적당한 것들로서 작업자가 평균 21파운드를 나를 수 있게 할 뿐만 아니라 각 작업들이 과학적으로 연구되면서 명확하게 드러난 다른 몇 가지의 용도에도 적합하도록 고안된 것들이다. 큰 삽 창고가 만들어졌고, 그 안에는 삽뿐만 아니라 주의 깊게 제작되고 표준화된 모든 종류의 작업 장비들 예를 들어 곡괭이나 쇠지렛대 등도 저장되어 있었다. 이로써 그들이 어떠한 종류의 물자를 다루더라도 21파운드의 적재량을 유지하는 것이 가능해졌다. 즉 철광석용으로는 작은 삽, 재를 나를 때는 큰 삽 등. 철광석은 이러한 류의 작업에서는 무거운 물질로 취급됐고, 알갱이 석탄은 삽 위에서 잘 미끄러지기 때문에 가벼운 물질중의 하나로 취급되었다. 과거 베들레헴 제철소의 주먹구구식 작업방법을 연구하면서 다음과 같은 점이 관찰되었다. 작업자는 각자 자신의 삽을 가지고서 작업을 하는데, 때때로 광석을 나를 때에는 한 번 삽질할 때 30파운드 가까이 되는 양을 나르는 것에서부터 삽질 당 4파운드도 못되는 양의 알갱이 석탄을 똑같은 삽으로 나르기까지 했다. 처음의 경우는 너무 많이 실어서 하루 동안 많은 양의 일을 기대할 수 없었고, 후자의 경우에는 터무니없이 적게 날라서, 심지어 보통의 하루분의 일의 양에 비슷하게 미친다는 것조차도 불가능하였다.

삽질에 있어서의 과학을 구성하는 다른 요소들을 간략히 예를 들자면, 각 작업자가 지정된 삽을 가지고 얼마나 빨리 삽을 더미 속으로 집어넣고, 적당한 양을 적재한 채 뺄 수 있는지를 연구하기 위해서 수천 번의 초시계 관측이 시행되었다. 일단 더미 중간으로 삽을 집어넣을 때를 관찰했다. 다음에는 더미 바깥쪽 가장자리에서 했을 때 그리고 다음에는 나무 바닥에서 했을 때 그리고 마지막으로 강철로 된 바닥에서 했을 때의 연구가 행해졌다. 그 후에는 삽을 뒤로 빼는 데 걸리는 시간, 실었던 물질을 주어진 높이와 주어진 거리에 던지는 데 걸리는 시간 등에 대한 시간연구가 다양한 거리와 높이에 대해서 행하여 졌다. 삽질을 감독하는 사람은 이러한 종류의 데이터와 선철을 나르는 작업에서 알게 된 지구력의 법칙에 근거하여 각 작업자가 그의 근력을 최대한 활용하기 위해서 사용하여야 할 정확한 방법을 가르치고, 적정한 하루의 작업량을 할당하여 줄 수 있었다. 여기서 적정한 하루의 작업량이란 '작업자들이 매일매일 할당된 만큼의 작업량을 완수할 수 있고, 더불어 작업량 완수시에 지불되는 보너스도 벌 수 있을 만큼의 적당한 하루의 작업량'을 의미한다.

과학적 관리는 사람이 아니라 시스템에 근거

그 당시 베들레헴 제철소의 작업장 안에는 이 같은 일반직급의 삽 작업자와 노동자들 약 600명 정도가 길이로 2마일, 넓이로 ½마일 가량의 작업장에 각각 흩어져 일하고 있었다. 각각의 노동자가 적합한 작업 도구를 지급받고, 각자의 업무지시를 받기 위해서는 몇몇의 감독자의 지휘아래 집단으로 일을 관리하던 옛날 방식 대신에 좀 더 정교한 관리방식이 필요하였다. 새로운 시스템에서는 각 작업자에게 아침 출근 후에 일단 자신의 사번이 붙어 있는 우편함에서 두 장의 종이를 꺼내어 보도록 하였는데, 그중 한 장에는 '그날 어떤 작업 도구를 창고에서 가져갈 것인지 그리고 어디서 일을 할 것인지'가 적혀 있으며, 나머지 한 장에는 '그 전날 자신이 수행한 작업성과에 대한 기록, 즉 그가 한 작업내역과 그가 번 수입의 액수 등'이 적혀 있었다. 비록 작업자들 중 많은 사람들이 외국인이어서 영어를 읽고 쓸

줄은 몰랐으나, 그들 모두는 작업성과 기록표의 요점을 대충 보기만 하여도 알 수 있었다. 왜냐하면 만약 전날의 성과가 노란 종이에 기록되었다면, 이는 그가 전날 일을 완전히 끝내지 못해서 1.85달러만큼은 벌지 못했음을 알려준다. 노란 종이에는 이 작업장에서는 1.85달러만큼 높은 보수를 받는 사람만이 계속해서 일할 수 있으며, 내 일은 더 열심히 하여 그만큼 벌기를 기대한다는 내용이 적혀 있었다. 그래서 만약 흰 종이를 받았다면 이는 모든 일이 잘 되었다는 의미이지만, 만약 노란 종이를 받았다면 이는 더 열심히 일하든지 아니면 아마도 다른 작업장으로 전출될지도 모른다는 의미임을 깨닫게 되는 것이다.

이같이 각 작업자들을 개인별로 관리하기 위해서 관리책임자와 사무직원을 위한 사무실도 마련되었다. 바로 이 사무실에서 모든 노동자 개개인들의 작업이 사전에 계획되며, 각 작업자들은 정교하게 작성된 작업장의 지도를 갖춘 사무직원들에 의해 마치 장기판의 말들이 움직이는 것처럼 이곳저곳으로 배치되었다. 또 이러한 목적을 위해서 전화를 설치하거나 심부름꾼을 두었다. 이런 방법을 통하여 한 곳에 너무 많은 또는 너무 적은 인원을 배치하거나 또는 작업간의 대기시간으로 인한 손실을 완전히 제거하였다.

또한 옛날의 시스템하에서 작업자들은 각각 한 명의 감독자에 의해 관리되는 비교적 큰 집단에 소속되었었고, 그 감독자에게 매일매일 부과되는 일이 많든지 적든지 간에 각 집단의 소속인원에는 큰 변동이 없었다. 이같이 인원변동이 없는 이유는 각 집단은 그들에게 어떤 업무가 부과되더라도 이를 수행할 수 있을 만큼의 크기를 유지해야 하기 때문이다.

이와는 달리 새로운 시스템에서는 작업자들을 집단으로 취급하지 않고, 각 작업자 개개인에 대한 연구가 수행되었다. 만약 어떤 작업자가 그에게 부과된 작업량을 다 완수해내지 못하면, 그에게 최적의 작업방법을 정확히 보여주고, 그를 돕고, 지도하고, 사기를 북돋아 주고, 동시에 그의 작업자로서의 가능성을 판단할 유능한 교사가 파견되었다. 그리하여 각 작업자를 개인별로 취급하는 새로운 체제에서는 당장 좋은 성과를 내지 못하는 작업자의 보수를 깎거나 무자비하게 해고시키는 대신에, 그가 현재의 업무에 숙달되는 데 필요한 시간을 제공하거나, 도움을 제공하거나 또는 그를 정신적으로나 육체적으로 더 적성에 맞는 다른 종류의 일로 옮기도록 조치하였다.

이 모든 것들은 경영진의 최대한의 긴밀한 협조 그리고 집단으로 관리하던 옛날 방식보다는 좀 더 정교한 조직과 시스템을 필요로 한다. 새로운 시스템은 앞서 언급된 시간연구를 통하여 노동에 있어서의 과학적 규칙의 개발에 종사할 사람들, 다른 작업자들에게 최선의 작업방법을 가르치고 그들을 돕고 인도할 교사의 역할을 할 숙련된 노동자들, 작업도구를 완벽한 상태로 관리하고 적절한 기구를 제공하는 도구창고에서 일하는 사람들 그리고 사전에 작업계획을 수립하여 작업자들로 하여금 시간 손실 없이 작업장을 이동할 수 있게 하여주고 각 작업자들의 수입을 기록하는 사무직 등으로 구성된다. 그리고 이것은 앞서 언급된 노사간의 협동에 관한 기초적인 예가 되어줄 수 있을 것이다.

이 사례와 관련하여 자연히 나오게 되는 질문은 '혹시나 이 체제가 간접인원이 너무 많지 않은지?' 또는 '이러한 종류의 정교한 조직체제가 경제성이 있느냐?' 하는 것이다. 이러한 질문들은 이 계획 아래에서의 제 3년째의 결과를 보여주는 것으로 가장 잘 답해질 수 있을 것이다.

	옛날의 방식	새 방식
작업장에서 일하는 노동자 수	400~600명	140명
하루 평균 일인당 나른 톤 수	16톤	59톤
일인당 하루 평균 수입	$1.15	$1.88
2240파운드를 나르는데 드는 평균비용	$0.072	$0.033

이 같은 새로운 방식에서의 톤당 0.033달러의 비용은, 사무실과 도구 창고에 드는 비용과 모든 작업 감독들과 직장(foreman), 사무직, 시간연구 요원 등의 임금도 포함한 것이다.

그 해에 새로운 방식[9]을 도입함으로 인해 절감한 비용은 총

---

9) (역자주) 독자들은 이 같은 100년 전의 '과학적 관리'의 성과가 오늘날 우리들의 생활과는 무관한 것으로 생각하기 쉽다. 그러나 우리 주위를 돌아보면 1993년의 오늘날에 있어서도, 이번의 사례에서 나오는 바와 같은 옛날 방식대로 운영되는 시스템이 무척 많음을 알 수 있다. 우리 주변에서 쉽게 볼 수 있는 것으로, 예를 들어 쓰레기 수거업무를 한 번 생각하여 보자. 현재 쓰레기 수거에 종사하는 인원은 대략 인구 700~1,000명당 1명 정도로 알려져 있다. 이들은 과학적 작업량의 측정 없이 각 동회 또는 구청에서 임의로 할당하여 주는 작업구역을 담당하여 청소하도록 임무를 부여받고 있다. 이런 종류의 업무에 과학적 관리를 적용할 경우, 미화원의 임금은 50% 정도 향상될 수 있고 한편 각 지방 자치단체로서는 쓰레기 수거업무에 소요되는 예산을 절반 가까이 절감할 수 있다는 이야기가 된다. 물론 쉬운 일은 아니겠으나 본 역자는 과학적 관리가 적용될 경우 상당한 효과를 거둘 수 있다고 생각한다. 예를 들어 현재 각 가정에 비치된 쓰레기 수거함의 형태에 따라, 가구당 쓰레기 수거 시간이 작게는 10초 걸리는 경우에서 길게는 수분 심지어는 10분 가까이 걸리는 경우도 있다. 물론 이제는 거의 사라졌으나 수년 전까지만 하여도 자주 눈에 뜨이던 '위로 쓰레기를 넣고, 아래로 수거해 가는 고정식 시멘트 수거함'이 가장 비효율적인 쓰레기 수거함의 단적인 예이다. 이와 유사한 비효율적인 쓰레기 수거함이 아직도 상당수 눈에 뜨이고 있으나 대개의 경우 그저 당연한 것으로 알고 무심코 넘겨 버린다. 이 뿐만 아니라 환경 미화원이 사용하는 도구, 수거용 손수레, 쓰레기 중간 집하장의 작업방법 등 미화원 개개인이 스스로 개선을 시도할 수

36,417달러 69센트에 이른다. 그리고 다음 여섯 달 동안 작업장에서의 모든 일이 새로운 방식으로 바뀐 후에는 연간 절감액은 75,000달러에서 80,000달러 사이 정도이다.

아마도 얻어진 결과 중 가장 중요한 것은 노동자들 자신에 관한 것일 듯싶다. 이 사람들의 형편을 조심스럽게 조사하여보니, 140명의 작업자들 중 겨우 2명만이 술을 마시는 사람이라는 것을 발견하게 되었다. 물론 많은 사람들이 가끔 술을 마시기는 하였으나, 상습적으로 술을 마시는 사람들은 설정된 작업량을 맞추는 것이 거의 불가능하다는 것을 깨닫게 되었고, 그래서 실질적으로는 모두가 술을 마시지 않는 셈이 되었다. 거의 대부분의 사람들이 돈을 모았으며 이전보다 더 잘 살게 되었다. 이 작업자들은 필자가 본 바로는 선발된 노동자 그룹으로서는 가장 뛰어난 부류에 해당되었다. 그리고 그들은 그들의 상급자들을 '보통의 보수에 고된 일을 강요하는 노예감독'으로써가 아니라 '전보다 더 높은 보수를 받게 도와주고 가르쳐주는 그들의 가장 좋은 친구'로써 존경하였다. 그들과 사용주들간에 긴장을 야기시킨다는 것은 아무에게도 불가능한 일일 것이다. 이것은 '고용주와 근로자의 번영을 함께 이룩한다'는 말을 쉽게 그러나 효과적으로 보여주는 단적인 예가 될 것이다. 또한 이것은 앞서 언급된 네 가지의 과학적 관리의 원칙을 적용함으로써 얻어진 결과임도 명백하다.

없는, 그러나 지방자치단체의 관리진이 도와줄 경우 개선이 가능한 업무가 산재한 것으로 본 역자는 확신하고 있다. 물론 우리 국민 각자가 각각 '아! 우리 집 쓰레기통을 수거해 가는 데에는 얼마나 걸릴까?'하는 등의 의식개혁이 수반될 경우, 그리고 그 같은 의식개혁이 전국적으로, 또 모든 업무영역에 확산될 경우, 우리 사회의 생산성은 획기적으로 향상될 수 있을 것으로 기대된다.

집단작업시 개인의 의욕은 저하된다

매일매일의 작업에 있어 '작업자에의 동기부여에 대한 과학적 연구의 가치'에 대한 또 다른 예로서는, 작업자를 개인이 아니고 집단으로 다룰 때 작업자들에게 발생하는 '솔선과 의욕의 감소'[10]의 경우를 들 수 있다. 세밀하게 분석해보면 작업자들이 집단으로 취급될 때에는 집단에 속한 각 개인의 능률은 각자의 개인적 의욕이 자극받을 때보다 훨씬 더 저하됨을 알 수 있다. 즉 집단으로 일을 하게 되면 거의 모든 경우 예외 없이 각 개인의 능률은 그들 중 가장 능률이 낮은 사람의 수준으로거나 또는 그 이하로까지 떨어진다. 집단으로 일할 경우 능률이 올라가는 것이 아니라 오히려 끌어 내려지는 것이다. 바로 이러한 이유로 베들레헴 제철소에는 특이한 규칙 하나가 생겨났다. 즉 다섯 명 이상이 한 작업반으로 일하려면 공장장(General Superintendent)의 특별한 허가를 얻어야 된다. 그 같은 특별허가도 단지 일주일에 한정될 뿐이다. 가능한 한 각 작업자는 개인별로 업무를 부과 받도록 배려되었다. 그 공장에는 5,000명 정도가 일하고 있었으므로 공장장은 할 일이 너무 많아서 이러한 특별허가를 해줄 시간여유도 별로 없었다.

이런 식으로 집단 노동이 깨뜨려진 후, '조심스러운 선발과정'과 '과학적이고도 개인적 특성에 맞춘 훈련'을 통해서 아주 뛰어난 삽 작업자 그룹이 탄생하였다. 각각의 노동자들은 개인별로 매일 실어 낼 화차를 배정받았으며, 그의 보수는 그 자신만이 한 일의 양에 좌우되었다. 가장 많은 양의 물량을 실어 낸 사람이 가장 많은 보수를 받았다.

---

10) 시대와 국가, 사회관습에 따라 차이가 있을 수 있다.

열 가지 중 한 가지만 부족해도 실패한다 – 시스템의 중요성

그때 '각 노동자를 개별화 시키는 것'의 중요성을 입증해줄 흔치 않은 기회가 발생하였다. 베들레헴 제철소에서 운반되는 이 광석들은 대부분 슈피어리어호(Lake Superior) 부근에서 생산된 것으로서, 이 광석들은 비슷한 화차들에 의하여 베들레헴(Bethlehem)과 피츠버그(Pittsburgh)로 운반되곤 하였다. 그때 피츠버그에는 광석 운반작업자들의 부족현상이 발생하였는데, 베들레헴에 잘 훈련된 우수한 작업자들이 있다는 소식을 듣고, 피츠버그에 있는 철강회사 중 한 회사에서 베들레헴의 작업자들을 스카우트하기 위해 인사부의 직원을 파견하였다. 그때 베들레헴에서는 톤당 3.20센트로 광석이 하역되고 있었는데, 그 피츠버그로부터 파견된 사람은 똑같은 화차에서 똑같은 삽으로 똑같은 광석을 하역하는 데 톤당 4.90센트를 지불하겠다고 제안하였다. 여러 가지 상황을 신중하게 고려한 후에 베들레헴 측에서는 광석 하역비용으로 톤당 3.20센트 이상을 지불하는 것은 현명하지 못하다고 결정을 내리게 되었다. 왜냐하면 톤당 3.20센트 비율로 지불받을 경우 베들레헴 노동자는 하루에 한 사람당 1.85달러를 약간 상회할 정도를 벌게 되는데, 이는 베들레헴 주변의 통상적인 임금 비율보다 약 60퍼센트가 더 높은 셈이 된다.

우리가 그러한 결정을 내린 것은 오랜 기간에 걸친 실험과 이에 대한 정밀한 관측을 통하여 입증된 한 가지 사실에 근거한 것이다. 즉 이 정도의 능력을 갖춘 작업자에게 과학적 방법으로 결정된 목표업무량이 부과되고, 이 목표업무량이 작업자들로서는 보통 이상의 노력을 들여야만 달성 가능한 업무량에 해당되고, 이러한 초과 노력에 대한 대가로 그들이 60퍼센트 더 인상된 임금을 받을 때, 그들은 검소하고 또한 모든 면에서 더 나은 사람이 된다. 즉, 그들은 더 잘 살게 되고, 저축하기 시작하고, 술을 덜 마시고, 더 꾸준히 일한다. 반면에 60퍼센트를 상회하여 임금이 인상될 경우 그들 대부분은 불규칙적으로 일하게 되고, 다소 게을러지고, 사치스럽고 그리고 방탕하게 된다. 즉 우리의 실험은 대부분의 사람들에 있어 너무 빨리 부자가 되는 것은 좋지 않다는 것을 보여 주었던 것이다.

이러한 이유로 우리측 광석 운반작업자들의 임금을 인상하지 않기로 결정한 후에 우리는 이들 작업자들을 한명씩 사무실로 불러 다음과 같은 종류의 메시지를 전달하였다.

"패트릭 씨. 당신은 당신이 아주 유능한 작업자라는 것을 이미 우리에게 입증하였습니다. 당신은 매일 1.85달러 이상을 벌고 있습니다. 당신은 우리가 원하는 바로 그런 타입의 작업자입니다. 그런데 피츠버그에서는 톤당 4.90센트를 지불한다고 합니다. 반면에 우리는 톤당 3.20센트 밖에 지불할 수 없습니다. 따라서 우리는 당신의 입장에서는 피츠버그에서의 직장에 응모하는 편이 유리할 것이라고 생각합니다. 물론 당신은 우리가 당신을 놓치기 싫어한다는 것을 잘 아실 것입니다. 그러나 당신은 당신의 유능함을 이미 입증하였고, 우리는 당신같이 유능한 사람이 더 나은 봉급을 받을 수 있는 기회를 갖게 된 것을 기쁘게 생각합니다. 하지만 장래에 어느 때든지 당신에게 직장이 필요할 때에 당신은 언제라도 우리에게 되돌아올 수 있다는 것을 기억하시기 바랍니다. 여기 우리 회사에서는 당신같이 유능한 작업자는 언제라도 환영합니다."

거의 모든 광석 운반 작업자들은 이런 충고를 받아들여 피츠버그에서 일자리를 구하였다. 그러나 6주 정도 후에는 그들 중 대부분은 다시 베들레헴으로 돌아와서 톤당 3.20센트의 옛날 수당으로 일하는 것이었다. 저자는 되돌아 온 사람 중의 하나와 다음과 같은 대화를 나누어 본 바 있다.

"패트릭씨 왜 돌아왔소? 나는 당신이 이 회사를 떠났다고 생각했는데."

"아! 그래요, 당신에게 그간의 사정을 말씀드리죠. 우리가 거기에서 일하기 시작한 후 지미와 나는 다른 여덟 사람과 함께 한 화차에 배정되었습니다. 우리는 여기에서 했던 것과 똑같이 삽작업을 하기 시작하였습니다. 약 30분 정도 후에 나는 내 곁에 있는 한 작업자가 거의 아무 일도 하고 있지 않다는 것을 알았습니다. 그래서 나는 그에게 '왜 일을 하지 않소? 만약 우리가 광석을 옮기지 않는다면 우리는 봉급날 아무 것도 받지 못할 것이오.'라고 말하였습니다. 그랬더니 그가 '당신 도대체 누구요?'라고 반문하였습니다. 나는 '그래, 내가 누구인가는 중요한게 아니오.'라고 말하였습니다. 그랬더니 그 작업자는 일어서서 나에게 '참견하지 마시오, 그렇지 않으면 당신을 화차 밖으로 던져버릴테니'라고 말하였습니다. 나는 그에게 욕을 하고 그를 때려눕힐 수도 있었습니다. 그러나 나머지 사람들은 그들의 삽을 놓고 마치 그를 편들 것처럼 쳐다보고 있었습니다. 그래서 나는 지미에게 말하였습니다(모든 사람들이 들을 수 있도록 일부러 큰 소리로 말입니다). '이봐 지미, 우리 앞으로는 이 사람이 삽질을 한 번 할 때에만 우리도 한 번씩 삽질을 하도록 하자. 절대로 더 이상의 삽질은 하지말고.' 그래서 우리는 그를 눈여겨보면서 그가 삽질할 때에만 우리도 움직였습니다. 결국 임금 지불일에 우리는 베들레헴에서 받던 것보다도 더 적은 돈을 받게 되었습니다. 그 후 지미와 나는 감독자에게 찾아가 '베들레헴에서와 같이 우리에게만 별도의 화차를 배정해 주십시오'라고 요청하였습니다. 그랬더니 그는 우리에게 '당신들

일이나 열심히 하시오'라고 말하였습니다. 다음번 임금 지불일에도 우리는 베들레헴에서 받은 것보다 더 적은 임금을 받게 되었습니다. 그래서 지미와 나는 우리 일행을 다시 모아 여기서 일하기 위해 되돌아 왔습니다."

이들이 개인별로 성과를 평가받으면서 일할 때에는, 비록 톤당 3.20센트를 받으면서 일을 하더라도, 4.90센트를 받으면서 집단을 이루어 일할 때보다 더 많은 임금을 벌 수 있었다. 삽작업에 대한 사례는 과학적 원리의 가장 초보적인 적용을 통하여서도 큰 이득을 얻을 수 있음을 보여주는 하나의 예라고 할 수 있다. 그러나 또한 이 사례는 가장 초보적인 원리를 적용시킴에 있어서도 관리자는 또한 그들의 몫을 충실히 수행하여야 함을 보여주고 있다. 피츠버그의 관리자는 베들레헴에서의 결과가 어떻게 달성되었는지는 알았으나, 사전에 업무를 계획하고, 각각의 작업자에게 별도의 화차를 배정하여 주고, 각각의 작업자의 개인적인 업무기록을 유지하고, 그의 업무성과에 따라 임금을 지불하는 데에 소요되는 약간의 번거로움과 비용을 꺼려하였던 것이다.

벽돌쌓기작업의 사례

또 하나의 사례를 들어보기로 하자. 벽돌 쌓는 직업은 우리의 직종 중 가장 오래된 것 중의 하나이다. 수백년 동안 벽돌 쌓는 방법뿐만 아니라 사용되는 재료 그리고 벽돌쌓기에 사용되는 도구에 있어 거의 어떠한 진보도 없었다. 수백만의 사람들이 이 직업에 종사했음에도 불구하고 그리고 그렇게 여러 세대를 거치면서도 별 진전이 없었던 것이다. 그렇다면 적어도 이 분야에서는 '과학적 분석과 연구'

를 하더라도 거의 아무런 효과를 거둘 수 없을 것이라고들 보통 생각할 것이다. 우리 연구조합의 회원이고 또한 젊은 시절에 벽돌쌓기에 대해 연구한 바 있는 길브레스(Frank B. Gilbreth)씨는 '과학적 관리의 원칙'에 관심을 가지게 되었고, 그것을 벽돌 쌓는 기술에 적용하기로 결심하였다. 그는 벽돌직공의 각 움직임에 대하여 매우 재미있는 분석과 연구를 수행하였다. 그는 또한 차례차례 불필요한 모든 동작을 제거하고, 느린 동작을 빠른 동작으로 대체하였다. 그리고 그는 벽돌직공의 작업속도와 피로에 어떤 형태로라도 영향을 미치는 모든 미세한 요소에 대하여 실험을 수행하였다.

그는 벽, 시멘트 반죽그릇 그리고 벽돌더미의 위치와 관련해서 벽돌직공이 디디어야 할 발의 정확한 위치를 실험적으로 알아내었고, 결과적으로 벽돌공이 벽돌을 한 장 쌓을 때마다 벽돌더미 쪽으로 한 두 걸음 옮기는 동작을 불필요하게 하였다. 또한 그는 반죽그릇과 벽돌더미의 가장 적합한 높이를 연구하고, 이것들을 올려놓을 수 있는 '테이블을 갖춘 비계(a scaffold with a table on it)'를 고안함으로써 벽돌공과 벽돌, 반죽그릇 그리고 벽이 상대적으로 가장 이상적이고도 효율적인 위치에 놓이게 하였다. 이들 비계는 벽이 높이 올라감에 따라 모든 벽돌공이 일하기 쉽게 그 높이를 조절하도록 설계되었는데, 이 같은 높이조절은 이를 전담하는 별도의 노동자에 의해 시행되었다. 이와 같이 하여 벽돌공들은 벽돌과 시멘트 반죽을 얻기 위해 몸을 구부렸다 다시 펴는 수고를 덜게 되었다. 벽돌이 한 장 쌓여질 때마다 60Kg 정도의 몸무게를 가진 벽돌공들이 60cm 정도 몸을 내렸다 다시 들어 올리느라고 낭비된 지나간 세월 동안의 엄청난 노력과 에너지를 생각하여보라. 매 벽돌공들은 하루에 천 번 정도 이 일을 반복한다.

더 많은 연구의 결과로서 벽돌들이 차에서 내려지고 벽돌공들에게 전달되기 전에 이 벽돌들은 더 싼 임금의 비숙련노동자에 의해 분류되어 나무로 된 간단한 구조의 팰렛(pallet) 위에 벽돌의 가장 고운 면이 위를 향하도록 놓여진다. 이런 팰렛에 벽돌이 놓이면 벽돌공들은 가장 빠른 시간에 가장 편한 자세로 벽돌을 잡을 수 있으며, 벽돌을 쌓기 전 고운 면을 밖에 보이도록 손에 잡은 벽돌을 뒤집거나 벽돌 끄트머리를 돌리는 동작을 피할 수 있으며, 결국 이러한 동작에 소요되는 시간을 덜게 된다. 또한 그는 대개 조립대 위에 마구잡이로 놓여있는 벽돌들을 고루느라고 소요되는 시간을 덜게 된다. 이런 '벽돌꾸러미(brick packet)'(길브레스씨는 벽돌을 적재한 나무로 된 팰렛을 이렇게 불렀다)들은 조력자(helper)들에 의해 조절가능한 비계 위의 반죽그릇 가까이 적절한 위치에 놓여진다.

우리는 벽돌공들이 반죽위에 벽돌을 놓은 후 반죽 접합부의 두께를 맞추기 위해서 흙손의 손잡이부분을 가지고 벽돌을 두드리는 것을 종종 보아왔다. 길브레스씨는 반죽의 묽기를 균일하고도 적절하게 조절함으로써 벽돌을 놓는 손의 누르는 압력에 의하여 접합부의 두께를 균일하게 유지할 수 있다는 것을 발견하였다. 그는 반죽을 만드는 사람들이 반죽을 배합하는 데 각별히 주의하도록 함으로써 벽돌을 두드리는 데 걸리는 시간을 없애도록 하였다.

일반적인 작업조건하에서의 벽돌공의 동작에 대한 이러한 상세한 연구를 통하여 길브레스씨는 벽돌 쌓는 동작을 벽돌 당 18동작에서 5동작으로 줄일 수 있었다. 심지어 어떤 경우에는 벽돌당 2동작 정도로까지 낮출 수 있었다. 그는 이 모든 분석의 상세한 내역을 '클라크 출판사(Myron C. Clerk Publishing Company, New York and Chicago)'와 '스폰출판사(E.F.N.Spon, of London)'에 의해 출판된 '벽돌쌓기 시스템(Bricklaying System)'이라는 책의 '동작연구(Motion Study)' 부분에 기술하였다.

길브레스씨의 동작연구

벽돌쌓는 동작을 18에서 5동작으로 줄이는 데 길브레스씨에 의해 사용된 방법을 보면, 이러한 개선은 크게 세 가지 부류로 나눌 수 있을 것으로 보인다.

첫째. 그는 과거 벽돌공들이 꼭 필요하다고 믿었었으나, 주의깊은 연구와 실험을 통하여 불필요하다고 입증된 동작들을 과감히 없애버렸다.

둘째. 그는 간단한 도구들 - 조절할 수 있는 '테이블을 갖춘 비계'와 벽돌을 수용하는 '벽돌꾸러미' - 을 고안하였고, 이들 도구와 싼 인건비의 비숙련 노동자들의 약간의 노력으로 이들 도구가 없는 벽돌공들에게는 반드시 필요한 지루하고도 많은 시간을 소비하는 동작을 제거하였다.

셋째. 그는 그의 회사의 벽돌공들에게 단순한 양손의 동시동작을 하도록 가르쳤다. 이들 벽돌공들은 예전에는 오른손의 한 동작을 완료한 후에야 왼손동작을 시작하였었다. 예를 들어, 길브레스씨는 벽돌공이 반죽 한 뭉치를 오른손의 흙손으로 취하는 그 순간에 왼손으로는 벽돌을 들어올리도록 가르쳤다. 두 손으로 동시에 하는 이런 일은 물론 예전의 '반죽판(mortar board)' - 반죽이 얇게 펴져있어 쓸만큼의 반죽을 얻기 위해서는 한두 걸음 걸어야 한다 - 을 턱이 깊은 '반죽 상자(deep mortar box)'로 대체함으로써 그리고 비계 테이블을 이용하여 반죽 상자와 벽돌더미를 적절한 높이에 서로 가까이 놓음으로써 가능하게 되었다.

이 세 가지 종류의 개선은 길브레스씨의 이른바 '과학적 동작연구(scientific motion study)'나 본인의 이른바 '시간연구(time study)'가 적용되었을 때, 필요 없는 동작을 제거하거나 느린 동작을 빠른 동작으로 대체함으로써 모든 직종에서 얻을 수 있는 효과의 전형적인 예이다.

물론 거의 모든 직종의 작업자들이 그들의 작업방식과 습관을 쉽게 바꾸려 하지 않는다는 것을 알고 있는 대부분의 현실론자들은 도대체 이런 종류의 연구로부터 실제로 어떤 큰 성과를 달성할 수 있겠는가에 대하여 회의적일 것이다. 길브레스씨는 몇 달 전 그의 회사가 건설한 큰 벽돌 건물의 건설현장에 '과학적 연구'를 적용함으로써 상업적으로도 큰 이익을 얻을 수 있었다고 발표하였다. 12인치(약 30센티) 두께의 공장 벽을 두 종류의 벽돌로 쌓는 작업에서 그는 그가 선발한 노동자들을 새로운 방법으로 훈련시킨 후에 매 작업자로 하여금 시간당 평균 350개의 벽돌을 쌓도록 하는 성과를 이룩하였다. 예전의 방법으로는 매 작업자는 시간당 120개의 벽돌을 쌓는 것이 그 지역의 평균이었다. 그의 벽돌공들은 그들의 직장(foreman)으로부터 길브레스씨의 새로운 방법을 배웠다. 직장들의 가르침에도 불구하고 능률이 향상되지 못한 사람들은 떨어져 나가고, 새로운 방법에 숙달된 사람들은 상당히(정말로 적지 않은) 인상된 임금을 받았다. 또한 길브레스씨는 작업자들이 개인적으로 평가받을 수 있도록 그리고 각 작업자가 최선을 다하도록 자극하기 위해서 각 작업자가 쌓은 벽돌의 수를 측정하고 기록하는 그리고 각 작업자에게 그가 현재 얼마만큼의 벽돌을 쌓았는지를 정기적으로 알려줄 수 있는 독창적인 방법을 개발하였다.

고의적인 생산성 저하는 준범죄행위?

이 같은 작업 결과가, '잘못된 판단'하에 운영되고 있는 '벽돌공 노동조합(bricklayers' union)'의 독단아래에서 시행되는 작업결과와 비교될 때에만, 비로소 인간의 노력이 얼마나 낭비되고 있는지를 실감하게 될 것이다. 어떤 도시에서는 '벽돌공 노동조합'이 그 조합원들에게 공공사업을 위해 작업할 때에는 하루당 275개까지, 개인 소유주를 위해 작업할 때에는 하루당 375개까지만 벽돌을 쌓도록 제한하였다. 이 노동조합의 조합원들은 이같은 제한이 그들의 직업에 이로울 것이라고 진지하게 믿고 있을 것이다. 그러나 이런 생각, 즉 '고의적인 작업지연'은 거의 범죄에 가까울 정도로 위험한 생각이라는 것은 모든 사람들에게 명백히 보여질 수 있다. 왜냐하면 이같은 행동은 결국 주택의 건축단가를 올릴 것이고, 각 노동자 가구로 하여금 높은 아파트 구입대금이나 임대료를 물게 할 것이며, 결국은 일과 직업을 그들의 도시로 끌어들이는 게 아니라 그 도시를 떠나게끔 만들 것이기 때문이다.

옛날에는 왜 불가능하였는가

그렇다면 지금과 거의 똑같은 도구를 가지고 기원전부터 계속된 이 직업에서, 왜 전에는 이 같은 동작의 단순화나 이같은 큰 이득을 얻지 못하였을까?

지난 수천 년의 기간 동안 개개인의 벽돌공들이 이같은 불필요한 동작을 제거할 수 있는 가능성을 인식하였을 가능성은 매우 크다. 그러나 과거에는 비록 한 명의 벽돌공이 길브레스씨의 개선책들을 발견했다 하더라도 그것들을 적용하여 혼자서만 일의 속도를 증가시킬 수는 없었다. 왜냐하면 거의 모든 경우에 여러 명의 벽돌공들은 한 줄로 나란히 서서 함께 일하고, 건물 주위의 벽은 같은 속도로 쌓아져 올라가야 하기 때문이다. 따라서 어떤 벽돌공도 그 옆에 있는 사람보다 더 빨리 일을 할 수는 없으며, 더욱이 어떤 벽돌공도 더 빨리 일하기 위해서 동료 벽돌공으로 하여금 그와 협력하게 만들 권한을 가지지도 못하였다. 더 빠른 작업은 오직 '방법의 표준화', '최선의 도구사용과 작업 조건' 그리고 '협동'을 의무적으로 수행하게 할 때에만 가능하다. 그리고 이때 경영진은 이들 '표준'의 적용과 이러한 '협동'을 강요할 의무가 있는 것이다. 경영진은 새롭고 더 단순한 방법을 매 신참 작업자에게 가르치기 위해서, 계속해서 한 명 또는 그 이상의 작업 교사를 유지시켜야 하며, 또한 보다 느린 작업자를 항상 눈여겨 보면서 그가 적절한 속도로 일할 때까지 도와주어야 한다. 경영진은 적절한 가르침 후에도 새로운 방법을 사용하여 더 빠른 속도로 일하려고 하지 않거나 또는 할 수 없는 작업자는 이 작업에서 제외시켜야 한다. 또한 경영진은 작업자들이 별도의 격려 임금이 없이는 이러한 보다 엄격한 표준화에 복종하려 하지 않는다는 것 그리고 일을 더 열심히 하려 하지도 않는다는 것을 인식하여야 한다.

이러한 모든 것은 과거에는 큰 그룹으로 취급되어 왔던 작업자들을 앞으로는 개별적으로 취급하며, 개별적으로 연구하는 것을 포함한다.

또한 경영진은 '벽돌공을 위해 벽돌과 반죽을 준비하고, 비계를 조절하는 등의 임무를 수행하는 작업자'들이 벽돌공들과의 협력하에 그들의 일을 정확한 시간에 잘 해내도록 관리하여야 한다. 이들 작업자들은 주기적으로 각 벽돌공에게 그의 작업의 진척 상황에 관하여 알려줌으로써 한 명의 벽돌공이 무심코 전체 작업의 지연을 가져오는 일이 없도록 하여야 한다. 결론적으로 이같이 '큰 향상'은 경영진이 '새로운 의무', 즉 '이전에는 시행된 바 없던 새로운 업무'를 기꺼이 수행할 때만 가능하며, 경영진의 이같은 '새로운 역할분담' 없이는 아무리 작업자가 새로운 방법에 대한 많은 지식과 최상의 의도를 가지고 있을지라도 이같은 놀라운 결과를 얻을 수는 없음을 알 수 있을 것이다.

경영진의 체계적이고도 새로운 역할분담이 핵심

벽돌쌓기작업에 대한 길브레스씨의 방법은 '진실되고 효과적인 협동'의 간단한 실례를 보여주고 있다. 이 협동은 작업자들이 집단적으로 경영진에 협동하는 과거의 협동 방법이 아니다. 이 새로운 협동방식은 한편으로는 경영진 중 몇 명이(각각 그 자신의 특별한 전문적 방법으로) 작업자 개개인의 욕구와 결점을 연구하고, 작업자에게 더 좋고도 빠른 작업방법을 가르쳐 줌으로써 그 작업자를 도와준다. 또 한편으로는 경영진은 그 작업자와 연관된 작업을 하는 모든 다른 작업자들이 각자의 맡은바 일을 정확히 그리고 빠르게 해낼 수 있게 하여 줌으로써 각 작업자들이 개인적으로 가장 큰 성과를 올릴 수 있도록 도와주는 형태를 취하고 있다.

저자는 이같은 생산성 향상이나 노사협동은 과거의 경영철학이었던 '솔선과 격려'(즉 작업자에게 모든 문제를 떠넘기고 그가 그것을 혼자 풀게 내버려 두면서 경영진은 단지 성과급만을 지불하는)의 관리방식하에서는 달성될 수 없음을, 그리고 이같은 성공은 '과학적 관리를 구성하는 4요소의 적용에 의한 것'이라는 것을 명백히 보여주기 위해서 길브레스씨의 방법을 자세히 언급한 것이다.

첫째는, 벽돌쌓기 작업에서의 과학의 개발이다. 이는 작업자가 아니라 경영진이 수행한다. 또한 모든 작업자의 각각의 동작은 엄밀한 원칙을 따르도록 하며, 사용하는 도구와 작업조건에 있어서도 모든 것이 완벽하여야 하고 표준화되어 있어야 한다.

둘째는, 작업자의 신중한 선발과 이들을 일류 작업자로 만들기 위한 계속적인 훈련이다. 그리고 만약 노력하여도 최적의 작업방법으로 일할 수 없거나 또는 노력조차 하지 않으려는 작업자들은 그 작업에서 제외시켜야 한다.

셋째는, 경영진의 꾸준한 도움과 관심을 통하여, 그리고 지시받은 대로 생산성 높게 일하는 작업자에게의 많은 상여금의 지불을 통하여 이룩되는 '초일류 벽돌공과 과학적 벽돌쌓기 작업의 융합'이다.

넷째는, 작업자와 경영진사이의 '일과 책임에 대한 공평한 분배'이다. 하루 종일 관리자는 작업자들의 곁에서 그들을 도와주고, 격려하고 그리고 그들이 작업을 쉽게 수행하도록 하여 준다. 과거에는 관리자들은 한편에 비켜서서 작업자들에게 어떠한 도움도 주지 않으면서 작업방법, 도구, 일의 속도 그리고 연관업무의 협동에 관한 모든 책임을 작업자에게로 돌렸었다.

이 4요소 중에서 첫 번째 요소(벽돌쌓기 작업에서의 과학의 개발)가 가장 흥미롭고 눈여겨 볼만하다. 물론 나머지 세 가지 요소도 성공을 위해서는 반드시 필요하다.

또한 성공의 이면에는 이 모든 것을 총 관장하는, 일할 때는 일하고 기다릴 때는 기다릴 줄 아는 낙천적이고 의지 깊고 근면한 지도자가 있어야 한다는 것을 잊어서는 안 된다.

베어링 볼 검사작업의 사례

대부분의 경우에(특히 작업의 내용이 본질적으로 미묘한 경우에), 첫 번째 요소인 '과학의 개발'은 '과학적 관리의 네 개의 큰 요소' 중 가장 중요한 것이다. 그러나 때로는 두 번째 요소인 '과학적인 작업자의 선발'이 다른 것들보다 더 중요한 경우도 있다.

이러한 예는 자전거용 베어링 볼(bicycle ball)을 검사하는 단순한 그러나 보기 드문 작업에서 잘 찾아볼 수 있다.

수년전 자전거가 한참 유행하였을 때, 매년 수백만 개의 작은 강철볼들이 자전거 베어링에 사용되었었다. 이 강철 볼을 만드는 데 사용되는 스무 가지 이상의 작업 중에서 아마도 가장 중요한 공정은 포장하기 직전 마지막 연마공정이 끝난 볼 중에서 열에 금이 간 (fire-cracked) 또는 다른 이유로 인하여 비정상적인 볼을 제거하기 위해 '볼을 검사하는 공정'일 것이다.

저자는 국내에서 가장 큰 자전거용 볼 생산 공장을 체계화시키는 일을 맡게 된 적이 있었다. 이 회사는 저자가 조직개편에 착수하기 이전에도 이미 지난 8년 내지 10년 동안 일반적인 일당급에 의하여 운영되어 오고 있었기 때문에 볼 검사업무에 종사하고 있는 120여 명의 소녀들은 그들의 일에 익숙하고 노련하였다.

오랫동안 지속되어 온 개인별 일당급 제도를 과학적인 협동관계로 신속하게 변화시키는 것, 즉 시스템을 신속하게 변경시키는 것은 단순 검사업무와 같은 가장 기초적인 작업에서도 불가능하다. 그러나 대부분의 경우에 즉시 개선이 가능한 '작업조건에서의 어떤 결점'들이 존재한다.

이 경우에도 이들 검사자(소녀)들이 매일 10시간 반씩 일하고 있다는 것이 목격되었다(토요일은 반 공휴일).

이들의 작업은 왼손 손등쪽 두개의 손가락 틈새의 골에 연마된 강철구를 나란히 늘어놓고, 강한 조명 아래에서 이 강철구들을 이리 저리 굴리면서 혹시 결함이 있는 볼이 발견되면 오른손의 자석을 이 용하여 이들 결함이 있는 볼을 집어내어 별도의 상자에 집어넣는 것 이었다. 네 종류의 결함 – 움푹 들어간 것, 윤곽이 망가진 것, 생채 기 난 것, 열에 금이 간 것 – 들이 추적되었는데, 이들 결함들은 대 부분 매우 미세하여 이 작업을 위해서 특별히 훈련되지 않은 눈으로 는 찾을 수가 없었다. 또한 이 작업은 대단한 주의와 집중을 요구하 기 때문에 비록 작업자들이 편안히 앉아 있고 육체적으로 피로하지 는 않지만, 신경적 긴장감은 상당히 요구되는 작업이었다.

그리고 작업시간이 아주 길기 때문에 소녀들의 하루 작업시간인 10시간 반 중 상당부분이 게으름을 피우며 낭비된다는 사실을 아주 일상적인 관찰만으로도 명백히 알 수 있었다.

사실 작업자들이 일할 때 일하고, 놀 때는 놀며 두 가지를 혼합시 키지 않게 작업시간을 짜는 것은 상식수준의 문제이다.

그래서 우리는 작업시간을 줄이기로 결정하였다.

몇 년 동안 검사실을 맡아온 노련한 직장에게 우수한 검사자들이 나 또는 동료들간에 영향력 있는 소녀들을 차례차례 면접하고, 그들 에게 여태까지 10시간 반에 해오고 있던 일을 하루 10시간으로도 할 수 있다는 것을 설득시키도록 지시하였다. 각 소녀들에게는 그 제안 이 '하루 근무시간을 10시간으로 줄이면서, 10시간 반 일하였을 때만 큼의 일당을 지불하는 것'이라고 일러두었다.

약 2주일이 지난 후, 그 직장은 그가 얘기해본 모든 소녀들이 현 재의 일을 10시간에도 10시간 반 일한만큼 잘할 수 있다는 사실에

동의했고 작업시간을 10시간으로 줄이는 변화에 찬성했다고 보고하였다.

필자는 평소 '남의 기분을 상하게 하지 않으면서 요령있게 일을 처리할 줄 안다'고 평을 받는 입장은 아니었으므로, 이번에는 소녀들에게 새로운 제안에 대해 투표를 하게 함으로써 필자의 이미지를 개선하는 것이 좋겠다고 생각하였다. 그러나 막상 표결에 부친 결과, 소녀들은 10시간 반 일하는 편을 만장일치로 지지함으로써 필자의 투표에 부치자는 생각은 전혀 정당화되지 못하였다.

이 때문에 그 문제는 당분간 아무런 진전 없이 교착상태에 빠지게 되었다. 몇 달 후 필자의 평판 따위는 내던져졌고, 근무시간은 임의적으로(일당은 그대로 유지되면서) 10시간, 9시간 반, 9시간, 8시간 반까지 단계적으로 줄여졌다. 그리고 근무시간이 줄어들 때마다 생산량은 줄어드는 대신 증가하였다.

적성에 맞는 작업자 선발의 중요성

이 공장에서의 '기존의 방법에서 과학적 방법으로의 개선'은 고트(H.L.Gautt)씨의 총지휘와 아마도 미국의 '동작, 시간연구'에 있어 가장 경험이 많은 사람인 톰슨(Sanford E. Thomson)씨의 지도하에 이루어졌다.

대학의 생리학 분야에서는, 이른바 사람의 '신체계수(personal co-efficient)'라는 것을 결정하기 위해서 많은 실험들이 행하여진다. 이 실험들은 어떤 사물, 예를 들어, 문자 'A'나 'B'를 실험대상자의 가시범위내에 갑자기 가져와서 피실험자가 문자를 인식하자마자 특별한 전기 단추를 누르는 것과 같은 규정된 행동을 하게 하는 등의 방식으로 수행된다. 문자를 보여준 순간부터 대상자가 단추를 누를 때까지 경과되는 시간은 정교한 과학적 실험기구에 의해 정확하게 기록된다.

이러한 실험은 결과적으로 각 사람들의 신체계수에 큰 차이가 있음을 보여준다. 어떤 사람들은 특별히 빠른 인식 능력과 특별히 빠른 반응 동작을 가지고 태어난다. 이들에게는 메시지가 눈에서 뇌로 거의 순간적으로 전달되고, 뇌는 또한 그만큼 빨리 손으로 적당한 메시지를 보내 반응한다.

이런 형의 사람들은 '낮은 신체계수를 가졌다'고 호칭되는 반면, 느리게 인식하고 동작하는 사람들은 '높은 신체계수를 가졌다'고 불린다.

톰슨씨는 곧 자전거용 볼 검사자들에게 가장 필요한 특성이 낮은 신체계수라는 것을 인식하였다. 물론 일반적 특성인 인내와 근면 또한 요구되었다.

그리하여 회사의 이익뿐만 아니라 소녀들의 궁극적인 이익을 위해서라도 낮은 신체계수를 갖지 못한 모든 소녀들을 제외시킬 필요가 생겼다. 그래서 불행히도 이 같은 과정에서 가장 영리하고, 열심히 일하고, 믿을 수 있는 많은 소녀들이 단지 인식과 동작이 느리다는 이유로 일시 해고되기도 했었다.

소녀들에 대한 점진적인 선별이 계속되는 동안 다른 변화 또한 진행되고 있었다.

개수급 검사작업에서 어떻게 품질저하를 방지할 수 있는가

수행한 일의 양에 의해 급료가 결정될 때 경계하여야 할 위험

중의 하나는 양을 증가시키려는 노력의 과정에서 품질이 나빠지기 쉽다는 것이다. 그러므로 거의 모든 경우에 있어서 어떤 방식으로든 양적 증가로 이행하기 전에 질적 저하를 방지하기 위한 명확한 조치가 필요하다. 소녀들이 하는 일이란 모든 불량 볼들을 집어내는 것이었고, 이들 특별한 소녀들의 작업에서는 품질이 바로 그 본질이었다.

따라서 업무개선의 첫 단계작업은 그들이 일을 소홀히 할 경우 이를 반드시 적발하는 것이었다. 이것은 '추가검사(over-inspection)'로 알려진 방법을 통해 이루어졌다. 가장 믿을 수 있는 네 명의 소녀들을 선발하여, 매일 이들 각각에게 그 전날 일반검사자들 중 한 명이 검사했던 볼 중에서 한 롯트를 주고 이를 검사하도록 했다. 직장은 추가검사될 볼의 롯트 번호를 변경시킴으로써, 추가검사자들도 그들이 전날 누가 검사한 롯트를 재검사하는지를 모르도록 하였다.11) 이것뿐만 아니라 네 명의 재검사자들이 검사한 롯트들 중 하나는 '가장 정확하며 완벽한 작업자'인 수석검사자가 그 다음날 재검사하도록 하였다.

추가검사의 정직성과 정확성을 점검하기 위해서 또 하나의 효과적인 방편이 채택되었다. 이삼일에 한번씩 직장은 그 수를 미리 알고 있는 완전한 볼들에 미리 준비된 각 종류의 불량 볼을 더하여 특수한 롯트를 준비하였다. 검사자와 추가검사자 모두 이 준비된 롯트와 보통의 롯트를 구별할 방법이 없었다. 이런 방식으로 일을 소홀히 하거나 허위 보고를 하려는 모든 유혹을 제거하였다.12)

---

11) 품질검사의 핵심은 객관성이다. 국내 소방시설 점검업무가 제대로 시행되지 못하고 인명사고로 이어지는 가장 큰 이유는 객관성이 없는 탓일 가능성이 크다.
12) (역자주) 개인적인 이기심 또는 편의주의적 발상에 의해 부정직한 또는 이기

이와 같이 품질저하를 방지한 후에, 곧 생산성을 증가시키기 위한 효과적인 수단들이 채택되었다. 우선 오래된 주먹구구식 방법을 개선된 일당급 제도로 대체하였다. 이의 일환으로 검사자에 대한 직장의 편견을 방지하면서 절대적인 공평성과 공정성을 보장하기 위해 '수행된 작업의 양과 질' 모두에 대한 매일매일의 기록을 정확하게 유지하였다. 이 기록을 이용하여 직장은 많은 양과 좋은 질을 생산한 사람들의 임금을 올려주는 동시에, 예전과 같은 수준의 일을 하는 사람들의 임금은 낮추고, 구제불가능할 정도로 느리거나 부주의한 것으로 확인된 사람들은 해고시킴으로써 비교적 짧은 시간에 모든 검사자들의 의욕을 자극할 수 있었다. 그 후 소녀들 개개인이 시간을 보내는 방법에 대해 주의 깊게 조사하였고, 스톱워치와 기록용지를 이용하여 정확한 시간 연구에 착수하였다. 시간연구는 과도한 작업량의 부과로 인한 피로의 누적이나 탈진의 위험을 없이하고, 각 종류의 검사가 얼마나 빨리 행해져야 하는가를 결정하고 또한 소녀들이 각자의 일을 가장 빨리, 잘 할 수 있는 정확한 작업조건을 확립하기 위해서 수행되었다. 조사결과 소녀들은 부분적으로 빈둥대거나, 잡담하거나 또는 전혀 아무 일도 하지 않으면서 상당부분의 시간을 보낸다는 것을 알 수 있었다.

　　소녀들을 자세히 관찰한 결과 근로시간이 10시간 반에서 8시간 반으로 줄었음에도 불구하고, 계속해서 한 시간이나 한 시간 반가량

적인 행동을 하고자 하는 유혹은 우리 사회 곳곳에 널려있다. 그러나 그 같은 이기심을 원천봉쇄하기 위한 노력은 전혀 눈에 뜨이지 않고 있다. 만약 공무원의 부정부패나 시민들의 교통법규위반과 같은 경범죄 등을 발본색원하고자 원할 경우 테일러가 사용한 정도의 치밀한 방법을 사용한다면, 이기적인 동기를 완전히 없애면서 사람들로 하여금 정직하고 순수하게 자기 본연의 능력대로, 또 원칙대로 행동하도록 유도할 수 있을 것이다.

일을 한 후에는 신경이 날카로워지기 시작한다는 것을 알게 되었다. 그들은 분명히 휴식을 필요로 하였다. 과로가 시작되기 이전에 작업을 중단시키는 것이 현명한 일이므로 우리는 그들로 하여금 매 1시간 15분마다 10분씩의 기분전환의 시간을 갖도록 하였다. 매번 10분씩 오전에 두 번과 오후에 두 번 있는 이 휴식시간 동안 소녀들은 일체 일을 중단하도록 지시받았고, 자리를 떠나 돌아다니거나 이야기를 하는 것 등으로 완전한 기분전환을 하도록 권고 받았다.

어떤 면에서는 이 소녀들이 잔인하게 대우받았다고 말할 사람도 틀림없이 있을 것이다. 왜냐하면 소녀들은 각각 멀리 떨어져 앉아서 작업도중에는 쉽게 대화를 나눌 수 없도록 하였기 때문이다. 그러나 그들의 작업시간을 줄이고, 우리가 아는 한 가장 좋은 작업여건을 제공함으로써 그들은 일하는 척 하는 것이 아니라 실제로 꾸준히 일할 수 있었다.

소녀들을 적절하게 선발하고 한편으로는 그들을 혹사시킬 가능성에 대한 예방책을 취하고, 다른 한편으로는 일을 소홀히 하고자하는 유혹을 없애고, 또한 가장 좋은 작업여건을 확립하였을 때에만 비로소 업무 개편의 마지막 조치가 취해질 수 있다. 그것은 바로 작업자들이 가장 원하는 것, 즉 '높은 임금'과 그리고 고용주들이 가장 원하는 것, 즉 높은 품질의 제품의 최대 생산('낮은 노동비용'을 뜻한다)을 보장하는 조치였다.

이 단계에서의 일이란 각 소녀에게 매일 유능한 직공이 꼬박 하루 종일 걸려야 달성할 수 있는 만큼의 '주의깊게 설정된 업무량'을 할당하고, 또한 이 목표량을 달성할 때마다 큰 상여금이나 보너스를 주는 것이다. 이번 경우에는 '차등비율 개수작업(differential rate piece work)'으로 알려진 방법을 사용함으로써 이것을 시행하였다. 이 시스템하에서 각 소녀의 임금은 '산출량 및 일의 정확성'에 비례해서 증가하였다. 뒤에 설명되는 것처럼 차등 비율(앞서 언급된 추가검사자들이 검사한 롯트의 품질 수준이 차등임금의 근거가 되었다)을 적용함으로써 작업량의 양적 증가와 함께 현저한 품질의 향상이 있었다.

효과적인 보상수단은 즉시 시행되어야

그러나 소녀들이 궁극적으로 최고 임금 수준에 도달하기 위해서는 매 한 시간마다 한 번씩 각 소녀의 산출량을 측정하는 것과 이 결과 뒤떨어진다고 밝혀진 각 개인에게는 잘못된 점을 찾아주고 이를 시정하여 따라잡을 수 있도록 격려하고 도와주기 위한 '교사(teacher)'를 붙여주는 것이 필요하다고 판단되었다.

이 같은 결론의 뒤에는 종업원의 관리에 관심이 있는 사람이라면 모두 인정해야 할 일반적 법칙이 있다. 만약에 종업원이 일에 최선을 다하도록 고무하는 데에 있어서 어떤 보상수단이 효과적이 되려면, 그 보상수단은 일이 다 끝마쳐진 후에 즉시 지급되어야 한다. 일주일 이상 또는 아마도 최대한 한 달 후에 받을 보수를 위해 열심히 일하는 사람은 아주 드물다. 보통의 노동자가 동기부여에 의해 최선을 다하려면, 작업 당일날 그의 작업성과와 그 보수를 알 수 있어야 한다. 그리고 더 초보적인 사람들, 예를 들어, 자전거 볼을 검사하는 어린 소녀들이나 어린 아이들에게는 윗사람들의 인격적인 보살핌의 형태로나 또는 시간당 한 번 정도씩 눈에 보이는 실질적인 보상의 형태 등으로 적절한 격려가 있어야 한다.

이것이 바로 종업원들에게의 주식 분배나 연말 배당금 등을 통한 '이익 분배' 또는 '협업시스템'이 종업원들의 동기부여에 약간의 효과

밖에 없는 주된 이유들 중의 하나이다. 그들에게는 적당히 천천히 일하고 오늘 틀림없이 누릴 수 있는 멋진 시간이, 여섯 달 후에 다른 사람들과 나누어 가질 불확실한 보수를 위해서 꾸준하고 열심히 일하는 것보다 더 매력적인 것이다. 이익 분배 시스템의 비효율성에 대한 두 번째 이유는 각 개인이 개인적 야망을 자유로이 조화시킬 수 있는 어떤 형태의 협동작업도 여태껏 고안되지 못하였다는 것이다. 개인이 일을 열심히 하는 데 있어서 개인적 야망은 공동복지에 대한 욕구보다 항상 더 강력한 동기가 되어 왔고 앞으로도 그러할 것이다.13) 협업시스템하에서 '빈둥거리면서도 나머지 사람들과 똑같이 이익을 분배받는' 몇몇 잘못된 게으름뱅이들은 더 성실한 사람들을 자기들의 수준으로 끌어내릴 것이 틀림없다.

협업체제의 유지에 있어 그 밖의 만만찮은 어려운 점들은 이익의 공평한 분배가 어렵다는 사실 그리고 노동자들이 이익은 언제라도 나누려고 하는 반면에 손해는 나눌 수도 없고 나누려고 하지도 않는다는 사실에 있다. 이보다 더 나아가서 노동자들이 이익이나 손해를 경영진들과 나누어야 한다는 것은 옳지도 정당하지도 않은 경우가 많다. 왜냐하면 이것들은 대부분 전적으로 그들의 영향이나 통제 밖에 있는 그들과 상관없는 원인들14)에 기인할지도 모르기 때문이다.

다시 자전거 볼을 검사하는 소녀들에 대한 이야기로 돌아와서 결론부터 말하자면, 이전에는 125명이 했던 일을 35명의 소녀들이 했다는 것이다. 그리고 속도가 더 빨라졌음에도 불구하고 일의 정확도

---

13) (역자주) 1930년대 이후 발달된 산업심리학의 연구 결과, 인간의 동기부여 가운데 동료들로부터 인정받는 것도 중요한 요소 중의 하나로 인정받게 되었다. 특히 오늘날에는 '분임조 활동을 통한 소집단에의 단체소속감'과 '개인적인 성취동기'를 동시에 달성하는 시스템도 많이 시도되고 있다.

14) (역자주) 예를 들어 설비투자, 환율 변동이나 불경기 등.

는 예전보다 2/3 만큼 올라갔다는 것이다.

소녀들에게 생긴 이익은

첫째, 이전에 받던 것보다 평균 80~100% 더 높은 임금을 받는다는 것이다.

둘째, 그들의 근무 시간이 토요일은 절반 근무에, 평일 하루 10시간 반에서 8시간 반으로 줄어들었다. 그리고 하루 동안 적절히 배분된 네 번의 기분전환시간을 받았는데, 이와 같이 함으로써 건강한 소녀라면 절대 과로할 수 없도록 배려하였다.

셋째, 각 소녀들은 자신이 경영진의 특별한 주의와 관심의 대상이라는 것과 자신에게 무언가 잘못되면 의지할 수 있는 사람이(도와줄 사람과 가르쳐줄 사람) 경영진에 있다는 것을 느끼게 되었다.

넷째, 모든 소녀들에게는 매월 본인이 임의로 선택한 날짜에 이틀간의 유급휴가가 주어진다. 이 점에 대해서 확인해 본 바는 없으나 이들 소녀들이 이 같은 특권을 가지고 있다는 인상을 받았다.

이 같은 변화들로 인하여 회사에 생긴 이익은 다음과 같다.

첫째, 품질의 상당한 향상.

둘째, 검사비용의 실질적 감소 - 추가로 지불되는 사무업무비 그리고 교사, 시간 연구자, 추가검사자의 인건비와 전체적인 임금 향상에도 불구하고.

셋째, 어떤 종류의 노동 쟁의나 파업도 불가능할 정도로 우호적인 노사관계.

부적절한 작업 조건을 개선시킨 많은 변화들이 이런 좋은 결과들을 낳은 것이다. 그러나 이 같은 결과에 가장 기여도가 큰 요소는 인식반응이 느린 사람들을 인식반응이 빠른 소녀들로, 즉 신체계수가 높은 사람들을 신체계수가 낮은 사람들로 대체시킨 주의 깊은 채용,

즉 '작업자의 과학적 선별'이었다는 사실은 인정되어야 한다.

기계절삭가공작업의 사례

여태까지 제시된 사례들은 일부러 보다 기본적인 일의 유형에 국한된 예들이었다. 따라서 이런 종류의 협업이 더 지적인 근로자들의 경우, 즉 '분석 및 결론도출의 능력'이 더 뛰어나고, 그 결과 '스스로의 의지로 더 과학적이고 나은 방법을 선택할 수 있을 것 같은 사람'인 경우에도 바람직한지에 대한 매우 강한 의문이 틀림없이 여전히 남아 있을 것이다. 고급 노동에 대하여 개발된 과학적 법칙은 아주 복잡미묘해서 비록 고임금 기술자라 하더라도 법칙을 발견하고, 이들 법칙에 근거하여 작업자를 선발하고, 발전시키고, 훈련하는 데 있어 그 자신보다 더 교육받은 사람의 도움을 — 어떤 의미에서는 더 낮은 임금을 받는 노동자보다도 더 많이 — 필요로 한다는 것을 다음 사례는 보여주고 있다. 사실상 거의 모든 기계 기술분야에서 작업의 기초를 이루는 과학은 너무도 크고 방대해서, 실제로 작업을 하는 데 가장 적합한 노동자일지라도 이 과학을 이해하기에는 그 교육이나 지적능력이 미흡하다는 우리의 원래의 가설이 다음의 사례를 통하여 명백해질 수 있을 것이다.

예를 들면, 매년 똑같은 기계를 대량으로 생산하고 따라서 각 작업자가 똑같은 일련의 제한된 작업을 반복하는 회사의 경우에 있어서는, 각 작업자 개개인의 현명함과 그가 직장에게서 받는 때때로의 도움에 의해 이미 아주 우수한 작업방법과 좋은 솜씨가 개발되어 있기 때문에 어떤 과학적 연구도 더 효율적인 결과를 가져오지는 못할 것이라는 의심이 아마 대부분의 독자들의 마음에 남아 있을 것이다.

수년 전에, 약 300명의 종업원을 두고, 10년 내지 15년 동안 똑같은 기계를 생산해오고 있던 한 회사에서 우리에게 '과학적 관리'의 도입을 통해 이득을 얻을 수 있는지에 대한 평가를 의뢰하여 왔다. 그들의 공장은 좋은 공장장 밑에 훌륭한 직장과 노동자들을 두고 이미 여러 해 동안 개수급 시스템에 의해 경영되어 왔었다. 의심할 바 없이 그 공장은 국내의 평균적 기계공장보다 설비면에서는 분명히 더 나은 상태에 있었다. '목표업무에 의한 관리 시스템'을 채택하면, 같은 수의 종업원과 기계를 가지고도 산출량을 두 배 이상으로 올릴 수 있다는 이야기를 들었을 때, 그 공장의 공장장은 물론 매우 못마땅해 하였다. 그는 그와 같은 발언은 과장일 뿐이고, 절대적으로 거짓이라고 믿으며, 그 같은 발언은 그에게 그 같은 일이 가능하다는 자신감을 갖게 하기는커녕, 그런 뻔뻔스러운 주장을 하는 사람을 경멸하게끔 만든다고 말하였다. 그러나 그 같은 그의 견해에도 불구하고 '공장장은 생산량이 공장내에서 가장 대표적인 기계들 중 어느 하나를 고르고', '우리는 과학적 방법을 통해 그 기계의 생산량을 두 배 이상 증가시킬 수 있음을 증명한다'는 제안에 그는 기꺼이 동의하였다.

　공장장이 고른 기계는 공장의 작업을 공정하게 대표할 만하였다. 그 기계는 능력면에서 그 공장의 평균 작업자를 분명히 능가하는 일급 직공에 의해 지난 10년 내지 12년 동안 가동되어 왔다. 비슷한 기계를 반복해서 생산하는 이런 종류의 공장에서는 작업이 매우 세분되어 있어, 대부분의 작업자가 일년내내 비교적 적은 종류의 부품만을 생산하고 있었다. 따라서 우리는 이 작업자가 생산하는 각각의 종류의 부품의 생산 소요시간을 양측 당사자의 입회하에 주의 깊게 기록할 수 있었다. 이 연구에서는 그가 각 작업을 완료하는 데 필요한 시간뿐만 아니라 절삭속도와 휘드(feed)도 기록되었고, 기계에 작업물을 장착하고 또 탈착하는 데 걸리는 시간도 기록되었다. 이런 식으로 공장에서 행해지는 평균작업에 대한 기록을 얻은 후, 우리는 '과학적 관리'의 법칙들을 이 기계에 적용시켰다.

공작기계의 절삭능력을 결정하기 위해 특별히 만들어진 네 개의 아주 정교한 '계산척(slide rule)'으로, 작업에 관련된 이 기계의 모든 요소들을 주의 깊게 분석하였다. 여러 가지 다양한 절삭속도에서의 당기는 힘, '급송능력(feeding capacity)'과 적절한 절삭속도가 계산척에 의하여 결정되었고, 기계를 최적 절삭속도에서 가동시키기 위해서 대응축과 동력전달 도르래들을 개선하였다. 고속도강을 이용, 적당한 형태로 만들어진 절삭공구들은 알맞게 다듬어지고, 열처리되고, 연마되었다(우리의 연구에 사용한 고속도강도 그 공장에서 일반적으로 쓰이는 고속도강과 똑같은 품질의 것임을 밝히는 바이다). 그리고 이 특별히 선택된 선반에서 각 작업물의 가공에 가장 적합한 절삭 속도와 휘드(feed)를 최단시간내에 계산할 수 있는 하나의 커다란 특수계산척이 만들어 졌다. 작업자가 이같은 새로운 방법에 따라 일할 수 있도록 준비한 후, 이전의 방법으로 수행한 실험에 상응하는 여러 작업들이 차례차례 수행되었다. 물론 과거의 작업방법에 관하여는 새로운 방법과의 비교를 위해서 모든 관련 사항에 대한 상세한 기록을 남겨 두었다. 그 결과 과학적 법칙에 따른 기계 가동으로 작게는 2.5배, 빠르게는 9배까지의 절삭속도의 증가를 기록하였다.

진정한 과학적 관리는 의식개혁으로부터

그러나 '주먹구구식의 관리'에서 '과학적 관리'로의 전환은 작업

속도에 대한 연구나 공구와 연장의 개조뿐만 아니라 '일과 고용주에 대한 노동자의 마음 자세'에 있어서의 일대 전환까지를 포함한다. 생산성 향상을 위한 기계의 개조나 동작연구 그리고 각 작업자가 일하는 데 걸리는 시간의 초시계를 통한 세세한 연구는 비교적 빨리 이루어질 수 있다. 그러나 300명 이상 되는 노동자들의 마음 자세나 습관의 변화는 천천히 그리고 수많은 교훈적 사례를 통하여서만 얻어질 수 있다. 그러한 사례들을 점진적으로 경험해 나가면서, 마침내 각 노동자들은 그들의 매일매일의 작업에서 그들이 경영진과 진심으로 협동함으로써 얻어질 수 있는 막대한 이익을 명백히 느끼게 되는 것이다. 어쨌든 그 공장에서는 3년 내에 1인당 및 1기계당 생산량이 2배 이상 증가되었다. 작업자들은 주의 깊게 선발되었으며, 거의 모든 경우에 그들은 낮은 등급의 작업으로부터 시작하였으나 나중에는 높은 등급의 작업을 수행할 수 있도록 승진하였다. 그리고 그들은 교사들(즉, 직능직장: 특정 기능만을 전담하여 가르치도록 지시받은 직장)에 의해 교육받음으로써 예전보다 더 높은 급료를 받을 수 있게 되었다. 각 노동자의 하루 임금의 평균 증가량은 약 35%였으며, 이에 반하여 회사의 입장에서 똑같은 양의 일을 시키는 데 지불된 임금의 총계는 오히려 예전보다 더 낮아졌다. 이같은 작업 속도의 증가는 물론 '기계의 개선'뿐 아니라 '수작업의 개선', 즉 이전의 작업자 개개인의 주먹구구식 수작업에 대한 정교한 분석 및 가장 빠른 수작업으로의 교체에도 일부 그 원인이 있다(여기서 수작업이란 기계에 의해 행해지는 작업과는 무관하게, 작업자의 손재간과 손의 작업속도에 의존하는 작업을 의미한다). 과학적 수작업에 의해 절약된 시간은 많은 경우에 기계의 개선에 의하여 절약된 시간보다 훨씬 컸다.

과학의 힘 – 주먹구구식 방법은 언제라도 개선 가능

계산척의 도움과 금속 절삭 기술에 대한 연구를 바탕으로 할 때, 예전에는 결코 이러한 특정작업을 본 적도 없고 이런 기계를 다루어 보지도 않았지만 과학적으로 문제를 해결할 수 있도록 교육받은 사람이, 이미 10~12년에 걸쳐 이 기계에서 작업을 수행하여 온 바 있는 유능한 기계공보다도 2.5배 내지 9배 빨리 일할 수 있는 이유를 충분히 설명하는 것이 필요할 것 같다. 한마디로 말하면 그 이유는 금속 절삭 기술이 상당량의 진정한 과학, 즉 복잡미묘한 과학을 포함하고 있기 때문에 선반 작업을 하는 데 익숙한 어떤 기계공도 절삭기술을 전문으로 연구한 사람의 도움 없이는 그것을 이해하거나 혹은 그것의 법칙에 따라 일하는 것이 불가능하기 때문이다. 기계 작업에 익숙하지 않은 사람들은 각 부품의 생산에 관한 문제를 다른 종류의 기계 부품의 생산과는 완전히 독립된 특수한 문제로 여기는 경향이 있다. 예를 들어, 그들은 엔진의 부품 제작에 관련된 문제들은 선반이나 플레이너(planer) 부품의 생산에서 직면하는 문제들과는 전적으로 다르다고 생각한다. 그리고 엔진의 부품제작에 관련된 문제들은 엔진제작에 종사하는 기계공들의 아마도 평생이 걸릴지도 모를 특별한 공부를 필요로 한다고 생각한다. 그러나 사실 엔진 부품이나 선반 부품에만 적용되는 특정 요소들에 관한 연구는 모든 종류의 절삭작업을 신속하게 수행할 수 있게 하여주는 '금속 절삭에 관한 기술이나 과학'에 대한 큰 연구에 비하면 아주 사소한 것이다.

정말 중요한 문제는 주조나 단조품에서 칩을 얼마나 빨리 제거하는가 그리고 어떻게 각 부품들을 최소한의 시간내에 원하는 만큼 매끄럽고 정확하게 가공하는가에 관한 것이다. 그리고 그 부품이 선박

용 엔진의 부품인지, 인쇄기의 부품인지 또는 자동차 부품인지는 별로 중요하지 않다. 이러한 이유 때문에 계산척을 쓰는 금속 절삭의 과학에는 익숙하지만 한번도 이 특정 작업을 본 적도 없는 사람이 몇 년 동안 이 특정부품을 전문적으로 만들어 왔던 숙련된 기계공보다 더 낫게 일할 수 있었던 것이다.

지적이고 교육받은 사람들은 기계가공 기술의 개발에 관한 책임이 실제 작업장에서 노동하는 사람들이 아니라 그들에게 있음을 알게 되는 순간, 과거에는 단순한 전통적 혹은 주먹구구식 지식만이 존재했던 분야에서 '과학적 지식의 개발'에 착수할 것에 거의 틀림이 없다. '일반화시키는 습관'과 '어디서나 법칙을 발견하려는 습관'을 교육을 통하여 습득한 사람들이 모든 직종에 존재하는 서로 일반적 유사성을 가진 문제들과 직면했을 때, 이러한 문제점들을 어떤 논리적인 묶음으로 모으고 그리고 문제의 해답을 제공하여주는 '일반적인 법칙과 규칙'을 발견하기 위해서 노력하는 것은 당연한 일일 것이다. 그러나 지적된 바와 같이 '솔선과 격려'에 의한 경영에서는 이러한 문제점들의 해법을 각각의 노동자에게 맡겨두고 있는 반면에, '과학적 관리'의 철학은 문제점들의 해답을 경영자에게 맡기는 것이다. 사실 노동자들의 매일매일의 모든 시간은 손수 일을 수행하는 데에다 빼앗기기 때문에 비록 그가 필요한 교육을 받았고 또 일반화하는 습관을 가졌다 하더라도 그는 이러한 법칙들을 개발할 시간과 기회가 부족하다.15) 왜냐하면, 시간 연구를 포함하는 간단한 연구조차도 한 사람은 일을 하고 다른 사람은 시간을 측정해야 하는 등 두 사람

---

15) 오늘날 국내 일부 글로벌 기업에서 진행되는 현장혁신운동은 업무개선의 연구를 현장직원과 전문지식을 가진 사람의 지원에 의한 협동작업으로 수행하고 있다.

의 협동을 필요로 하기 때문이다. 그리고 설령 작업자가 과거에는 주먹구구식이었던 것을 법칙으로 발전시킨다고 하더라도, 그로서는 자신의 발견을 비밀로 유지하고, 이 발견된 지식을 이용하여 다른 사람보다 더 많은 일을 함으로써 보다 더 높은 급료를 받는 것이 더 이익이 되기 때문이다.

반면에 과학적 관리하에서는 주먹구구식 방법을 대신할 법칙을 개발하는 것 뿐 아니라 그들의 부하직원 모두에게 공평히, 가장 빠른 작업 방법을 가르치는 것 또한 경영진의 의무이자 기쁨이다. 이러한 법칙들로부터 나온 결과들은 항상 그 성과가 크기 때문에 그 어떤 회사도 이 같은 법칙을 개발하기 위해서 시간과 노력을 투자할 만한 가치가 있을 것이다. 그리하여 과학적 관리하에서는 '정확한 과학적 지식과 방법'들이 그 어느 부문에서나 조만간 '주먹구구식 방법'을 대체할 것이 틀림없는 반면에, 낡은 관리 기법하에서는 과학적 법칙에 의거한 작업이란 불가능할 것이다.

금속 절삭은 엄청난 과학

금속 절삭에 있어서의 기술 혹은 과학의 개발은 이러한 사실의 가장 적절한 예이다. 1880년 가을, 필자가 하루의 적정 노동량을 결정하기 위해서 위의 실험들을 수행하기 시작했을 때쯤, 저자는 또한 미드베일 제철소(Midvale Steel Company) 사장인 윌리엄 셀러즈(William Sellers)씨로부터 강철의 절삭에 가장 효율적인 공구의 각도와 모양 그리고 절삭 속도를 결정하기 위한 실험을 허락받았다. 이 프로젝트가 시작되었을 때 셀러즈씨는 이 실험들이 길어봤자 6달 이상은 걸리지 않을 것이라고 믿었었다. 그리고 사실, 만약 더 오랜 기간이 필요하다는 것을 알았더라면 이 프로젝트를 수행하는 데 드는 상당한 자금을 쓰라고 허락하지도 않았을 것이다.

66인치 수직 보어링기(vertical boring mill)는 이러한 실험을 하는 데 쓰인 첫 번째 기계였다. 우리는 매일 동질의 강철로 만들어진 커다란 기관차 바퀴들을 깎으면서, 작업을 좀 더 빨리하기 위해서는 공구를 어떤 모양으로 어떻게 제작하고, 어떻게 사용할 것인가를 알아 나갔다. 여섯 달이 지날 즈음, 실험에 사용된 재료비와 인건비에 비해 훨씬 더 가치 있는 많은 실용적인 정보들을 얻게 되었다. 그러나 이 프로젝트에서 수행된 비교적 소수의 실험들은, 결국 우리가 여태까지 얻은 지식이란, 앞으로 우리가 기계공들을 지도하고 돕기 위해서 장차 개발해야 할 실용적인 지식의 극히 일부분에 불과하다는 것을 확실하게 보여줄 뿐이었다.

이 분야의 실험은 때로 잠시 중단되기도 하였으나 26년이란 긴 세월에 걸쳐 수행되었으며, 이 과정에서 이 실험들을 위해서 10종류의 다른 실험 기계들이 특별히 준비되었다. 기록되지 않은 수많은 실험을 제외하고도, 30,000내지 50,000개 정도의 실험결과치들이 신중하게 기록되었다. 이 법칙을 연구하기 위한 절삭공정의 과정에서 무려 800,000파운드 이상의 강철 칩이 발생하였다. 그리고 전체 프로젝트 비용은 150,000~200,000달러가 쓰여진 것으로 추정된다.

이런 류의 실험은 과학적 연구에 애착을 가진 사람 그 누구에게나 매우 흥미로울 것이다. 그러나 이 실험을 수년간 지속하게 했고, 실험자금과 실험기회를 제공하게 했던 원동력은, 단지 과학적 지식을 얻기 위한 추상적 연구가 아니라 기계공들이 자신의 일을 최선의 방법으로 가장 빠른 시간내에 할 수 있도록 돕기 위해서 우리가 갖추어야 할 정확한 지식이 부족하다는 자각에 있었다는 사실은 이글의 목적상 충분히 이해되어야 한다.

이 모든 실험들은 기계공들이 선반, 플레이너, 드릴 프레스, 밀링 머시인 같은 공작기계를 가지고 작업을 할 때마다 접하게 되는 두 가지 문제에 정확히 답할 수 있게 하기 위해서 수행되었다. 이 두 가지 질문이란:

가장 빠른 시간에 작업을 수행하려면,

"기계의 절삭 속도를 어느 정도로 해야 하는가?" 그리고

"휘드를 어느 정도로 해야 하는가?"

하는 것이다.

이 질문들은 너무 간단해 보여서 단지 어떤 잘 훈련된 훌륭한 기능공의 판단으로 충분히 대답할 수 있을 것처럼 보일지 모른다. 그러나 사실은 26년간의 연구를 하고 나서야, 모든 경우에 있어서 그 해답은 12개의 독립적인 변수를 포함하는 복잡한 수학 문제를 풀어야 한다는 사실이 밝혀졌다.

다음에 열거되는 열두 개의 변수들 하나하나가 모두 위의 질문의 답에 중요한 영향을 미친다. 각각의 변수와 함께 주어진 숫자들은 이들 변수의 각 요소가 절삭 속도에 미치는 영향을 나타낸다. 예를 들어, 첫 번째 변수 (A)에 대해서는 "반쯤 단련된 강(semi-hardened steel) 또는 담금질된 강(chilled iron)의 경우의 절삭속도를 1로 둘 때, 아주 부드럽고 탄소 함량이 적은 강의 경우의 속도는 100이다."고 표현한다. 이런 표현의 의미는 부드러운 강은 단련된 강이나 담금질된 강보다 100배 더 빨리 절삭할 수 있다는 것이다. 그렇다면, 이런 요소들 각각에 대하여 인용된 비율들은, 결국 과거에 기계가동에 있어서 최적 절삭속도와 휘드를 기계공들이 스스로 판단하여 결정할 때에 가능한 절삭속도의 넓은 범위를 나타낸다.

(A) 절삭되는 금속의 성질; 즉, 그 강도 또는 절삭 속도에 영향을 주는 다른 성질. 그 비율은 반쯤 단련된 강 또는 냉각된 강의 경우가 1이라면, 아주 부드러운 저탄소강의 경우는 100.

(B) 공구에 사용된 강의 화학적 성분과 열처리의 여부. 그 비율은 열처리된 탄소강(tempered carbon steel)으로 만들어진 공구의 경우가 1이면, 최고품질의 고속도강의 경우는 100.

(C) 깎을 두께, 즉 공구에 의해 제거될 칩의 두께. 비율은 3/16인치 두께로 깎는 경우가 1이면, 1/64인치 두께로 깎는 경우는 3½.

(D) 공구의 절삭날의 윤곽 혹은 형태. 비율은 나사 깎는 공구의 경우가 1이면 일반형 바이트 공구는 6.

(E) 공구에 절삭유 또는 다른 냉각매체가 충분히 사용되었는지 여부. 비율은 절삭유 없는 상태의 공구가 1이면 냉각수가 충분히 공급될 때 1.41이다.

(F) 절삭 깊이. 비율은 절삭 깊이가 1/2인치일 때 1이면 절삭 깊이가 1/8인치일 때는 1.36이다.

(G) 절삭작업의 지속시간, 즉 공구가 재연마하지 않고 전단압력을 버티어야 하는 시간. 공구가 1.5시간마다 재연마되어야 할 경우가 1이면 공구가 20분마다 재연마되어야 할 경우는 1.2이다.

(H) 공구의 접촉각도(lip angle)와 후면각도(clearance angle). 접촉각도가 68도일 경우가 1이면 접촉각도가 61도일 경우는 1.023이다.

(J) 진동으로 인한 작업물이나 공구의 탄력성. 진동이 있는 경우가 1이면 진동없이 원활하게 작동하는 공구의 경우는 1.15이다.

(K) 절삭될 주조품이나 단조품의 직경.

(L) 칩이 공구 절삭면에 가하는 압력.

(M) 기계의 끌어당기는 힘 그리고 절삭속도나 휘드의 변화.

이들 12가지 변수들이 금속의 절삭속도에 미치는 영향에 대해 조사하는데 26년이라는 긴 시간이 필요했다는 것은 많은 사람들에게 비상식적으로 보일지 모른다. 그러나 실제로 실험을 해본 경험이 있는 사람들은 아주 많은 변수가 포함되어 있다는 데에 문제의 심각성이 있음을 이해할 수 있을 것이다. 그리고 사실은 어떤 한 개의 변수의 영향을 실험하기 위한 매 실험마다, 다른 11개의 변수들을 일정하게 유지하는 데 따른 어려움 때문에 많은 시간이 소비되었다. 11개의 변수들을 일정하게 유지하는 것이 12번째 요소에 대한 조사보다도 훨씬 더 어려웠던 것이다.

이들 각각의 변수들이 절삭 속도에 미치는 영향이 차례차례 조사됨에 따라, 이러한 지식들을 실제로 적용하기 위해서는 얻어진 법칙들을 간략히 표현하는 수학적 공식들을 찾아내는 것이 필요하였다. 발견된 12개의 공식의 예로서, 다음 세 가지를 들 수 있다.:

$$P = 45,000 \ D^{14/15} \ F^{3/4}$$

$$V = \frac{90}{T^{1/8}}$$

$$V = \frac{11.9}{F^{0.665} \ \{(48/3) \ D\}^{0.2373 + 2.4/(18 + 24D)}}$$

이 법칙들이 검증되어지고, 또 수학적으로 그것들을 표현해 주는 다양한 공식들이 결정되어진 후에도, "어떻게 하면 이들 복잡한 수학문제들을 빨리 풀어서 일상적으로 이러한 지식들을 이용할 수 있게 할 것인가?"하는 어려운 문제는 여전히 남아 있었다. 만약 유능한 수학자가 이런 공식들을 가지고서 적절한 답을 찾으려고(즉, 보통의 방법으로 올바른 절삭 속도와 휘드를 알아내려고)한다면, 아마도 그는 한 문제를 푸는 데에만도 2~6시간은 족히 걸릴 것이다. 그렇다면, 대체로 작업자들로서는 그의 기계에서 실제 작업 수행에 걸리는 시간보다도 수학 문제를 푸는 데 걸리는 시간이 훨씬 길게 될 것이다. 따라서 우리가 당면한 상당히 중요한 일은 이러한 문제의 답을 빨리 찾는 것이었다. 그리고 그 해답을 찾아나가는 과정에서 저자는 이 나라의 유명한 수학자들 여럿에게 차례차례로 전체의 문제를 제시하고, 만약 그들 수학자들이 해를 찾는 빠르고 실용적인 수단을 고안할 경우 상당한 보수를 지불하겠다고 제안한 바 있다. 그것을 단지 흘끗 보고 마는 수학자들도 있었고, 또 어떤 수학자들은 예의를 갖추기 위해 2~3주간 시간을 끌기도 했다. 그러나 그들은 모두 저자에게 실질적으로 똑같은 대답을 하였다. 즉, 대개의 경우 4개의 변수를 가진 수학 문제를 푸는 것은 가능하고 또 때로는 5개 또는 6개의 변수를 가진 문제를 풀 수도 있으나, 12개의 변수를 가지고 있는 수학 문제를 푸는 유일한 방법은 "시행 착오법"이라는 느린 방법뿐이라는 것이었다.

그러나 우리 기계공장에서의 일상 작업에서는 신속한 해답만이 의미가 있었으므로, 수학자로부터의 신통치 못한 격려에도 불구하고 우리는 15년 동안 간단한 해법을 찾는 데 많은 시간을 소비하였다. 오랫동안 4~5명이 자신들의 모든 시간을 이 작업에 투자했고, 마침내 우리가 베들레헴 제철소에 있는 동안 특수한 계산척이 개발되었는데, 이것은 '금속 절삭의 기술에 관하여'라는 책의 11번째 도표에 설명되어 있다. 이것은 또한 바아스씨(Mr. Carl G. Barth)에 의해 미국 기계공학회(American Society of Mechanical Engineers)에 제출된 '기계공장을 위한 계산척－테일러 경영시스템의 한 부분으로서'라는 제목의 논문(미국 기계공학회 학술지 제25권 : Vol.XXV of the Transactions of the ASME)에도 상세하게 묘사되어 있다. 이 계산척의 도움으로 이런 복잡한 문제들이 기능공의 수학 실력에 관계없이 30초 내에 풀릴 수 있게 되었다. 따라서 금속 절삭 기술에 관한 수년간의 실험결과는 평상시의 작업수행에 실용적인 용도로 쓰일 수 있게 되었다. 이것은 보통사람의 기술 수준의 범위와 경험을 넘어서는 것처럼 보이는 복잡한 과학적 데이터에 대하여도, 일상적이고 실용적인 사용 방법은 항상 발견될 수 있다는 사실의 훌륭한 예이다. 이 계산척은 수학에 문외한인 기계공들에 의해 수년간 지속적으로 매일매일 사용되어 오고 있다.

과학의 개발은 작업자 개인의 노력만으로는 불가능

금속 절삭의 법칙들을 나타내는 복잡한 수학 공식들을 보면 왜 기계공이 이런 법칙들의 도움 없이, 그리고 자신의 개인적 경험에 의지하여 다음의 두 가지 질문, 즉

절삭속도를 얼마로 할 것인가?

휘드를 얼마로 할 것인가?

에 대한 답을, 비록 그가 똑같은 작업을 수년간 반복해왔다 할지라도 올바르게 맞출 수 없는가를 알 수 있다.

10~12년간 똑같은 부품들의 기계가공 작업을 반복해온 기계공의 경우로 돌아가 보면, 어느 하나의 부품 가공작업에 대하여 그 기계공이 선택할 수 있는 수백 가지의 작업방법의 대안 중에서 주어진

작업에 가장 적합한 방법을 그가 찾을 가능성은 거의 없다. 그 이유는 다음과 같다. 이 전형적인 경우를 고찰해보면, 우리의 기계 공장에 설치된 공작 기계들은 그 거의 전부가 금속 절삭의 기술에 관한 연구를 통해 얻은 지식이 아닌, '공작기계 제조업자들의 추측'에 근거하여 절삭속도가 정해져 있었다.

우리들에 의해 시스템화된 기계 공장의 예에서 보면, 우리는 공작기계 제조업자에 의해 정해진 절삭속도 중에서 최적 절삭속도에 비슷한 경우는 100대 중에 한 대도 없다는 것을 발견할 수 있었다. 그리하여, 우리가 알아낸 '금속 절삭의 과학'과 경쟁하기 위해서는 이 기계공은 공작기계 제조업체가 납품한 공작기계를 개조하여야만 하는 것이다. 즉, 최적 절삭속도로 작업하기 위해서는, 그는 그의 기계의 대응축(counter shaft)에 새 도르래를 달아야 하고, 대부분의 경우에 공구의 형태를 변형시키거나 공구의 열처리를 변화시키는 등의 일을 해야 할 것이다. 그러나 사실상 비록 그 기계공이 무슨 일이 행해져야 한다는 것을 알고 있다손 치더라도 그의 직책상 이러한 변화를 시도하는 것은 그의 권한 밖의 일이다.

반복 작업을 수행하는 기계공의 주먹구구식 지식이 진정한 금속 절삭의 과학과 경쟁할 수 없는 이유를 명백히 이해하는 독자라면, 매일 아주 다양한 작업을 수행해야 하는 고급기술자의 경우에는 더욱 더 그런 과학과 경쟁할 수 없다는 것을 더욱 확실히 이해할 수 있을 것이다. 매일 다른 종류의 작업을 수행하는 고급기술자가 가장 빠른 시간내에 일을 수행하기 위해서는 금속 절삭의 기술에 관한 완전한 지식 이외에도 각각의 다양한 수작업을 가장 빨리 수행하기 위한 광범위한 지식과 경험을 필요로 할 것이다. 그리고 독자들은 길브레스씨가 벽돌쌓기 작업에 대한 동작 및 시간연구를 통하여 얻은 이득을 상기함으로써 과학적인 작업 연구를 통하여 모든 숙련공의 수작업수행시간을 단축할 수 있음을 인식할 수 있을 것이다.

과거의 거의 30년 동안, 기계 공장의 작업연구 분야에 종사하는 사람들은 기계공의 작업에 연관된 모든 요소들에 대한 과학적인 동작연구를 수행하여 왔고, 동작연구 이후에는 스톱워치를 이용한 정확한 시간연구에 몰두해 왔다. 그러므로 만일 경영진의 일원으로서 작업자들과 협력하고 있는 작업교사들이 '금속 절삭의 과학 지식'을 소유함과 동시에, 그와 똑같이 상세한 '동작 연구 및 시간 연구에 대한 과학 지식'을 소유하고 있다면, 아무리 기계가공분야의 최고기술자들이라 하더라도 이들 작업교사들의 매일매일 계속되는 도움 없이는 그들의 작업을 최선의 방법으로 수행할 수는 없다는 것을 이해할 수 있을 것이다. 그리고 만약 독자 여러분이 이 사실을 명백하게 이해할 수 있다면 저자가 이 글을 쓰는 주요 목적중의 하나가 달성되는 셈이다.

과학적 관리 대 솔선과 격려의 경영 – 원칙과 철학의 차이

이제까지의 설명을 통하여 왜 '과학적 관리'가 '솔선과 격려'에 의한 경영보다 모든 분야에서 회사와 근로자 모두에게 압도적으로 더 좋은 결과를 가져다주는가 하는 것이 명백하게 되었기를 바란다. 그리고 또한 이러한 결과는 단지 외형적인, 경영 형태의 기법상의 뚜렷한 우수함에 의해 얻어지는 것이 아니라 기본적인 원칙들을 전혀 다른 원칙들로 대체한 것, 즉 – 공장 경영에 있어서의 하나의 철학을 다른 철학으로 바꾼 것에 기인함을 명백히 보여주었기를 바란다.

여태까지의 내용을 반복하자면, 이같이 효율적인 결과는 주로

(1) 작업자의 개인적 판단을 과학으로 대체시킨 것 (2) 작업자를
아무렇게나 선발하고 스스로 자신을 개발시키도록 하는 대신, 과학
적으로 작업자를 선발하고, 개개의 작업자를 실험을 통하여 연구하
고 가르치고 훈련시키며 개발시키는 것 (3) 경영진과 노동자의 긴밀
한 협력관계. 이 같은 협력관계는 모든 문제의 해결을 개개의 노동
자의 손에 맡겨두는 대신, 개발된 과학적 법칙에 근거하여 함께 일
함으로써 이룩된다. 이들 새로운 원칙을 적용함에 있어, 예전과 같
은 노동자들만의 일방적인 노력 대신에, 이제는 노사양측은 매일매
일의 과업을 수행함에 있어 각각의 임무를 균등히 수행한다. 즉, 경
영진은 그들에게 가장 적합한 업무를, 또 노동자는 나머지 업무를
수행한다.[16]

과학의 개발은 투자가치가 충분하다

　이런 새로운 철학에 대한 설명이 이 글의 주된 목적이기는 하지
만, 보편적인 원칙에 포함되는 몇몇 요소들은 좀 더 자세히 토의될
필요가 있다.
　이른바 과학의 개발이라는 것은 엄청난 일인 것처럼 들릴 것이
다. 그리고 사실 '금속 절삭의 과학'과 같은 특수한 분야에 대한 완전
한 연구는 필수적으로 수년간의 작업을 필요로 한다.
　그러나 금속절삭의 과학은 그 자체의 복잡성과 그것을 발전시키

---

16) (역자주) 이제 간단한 쓰레기 수거업무에 있어서도 도구의 개선이나 쓰레기
　하역작업의 개선 등은 미화원 개개인의 노력만으로는 불가능하며 관리자, 즉
　지방자치단체의 관련 부서장의 임무가 얼마나 중요한지 명백하여 졌을 것으로
　기대된다.

는 데 걸린 시간을 고려해 볼 때, 기계 기술에 있어서 거의 극단적으로 어려운 경우라고 할 수 있다. 하지만 이런 복잡한 과학의 경우에도 착수 후 몇 달 안에, 실험 비용을 훨씬 상회할 만큼 충분히 많은 자료를 얻을 수 있었다. 기계 기술의 과학적 지식의 개발에 있어 거의 모든 경우에, 실험에 착수한 짧은 시일 안에 투자비용을 초과할 만큼의 자료가 얻어질 수 있다. 금속 절삭에 있어서 초기에 개발된 법칙들은 엉성한 것이었고, 나중에 밝혀진 진실의 일부분만을 포함하고 있었지만, 이 불완전한 지식도 정확한 지식의 완전한 부재상태나 이전의 불완전한 주먹구구식 방법보다는 훨씬 더 유용했고, 이들 법칙들은 노동자들로 하여금 작업을 더 빨리, 더 훌륭하게 수행할 수 있도록 하였다.

예를 들면, 수년 후에 개발된 지식에 비한다면 불완전하지만, 그 당시 일반적으로 사용되던 다른 어떤 종류나 형태의 것들보다 우수한 한두 가지 형태의 공구를 아주 짧은 시간에 발견할 수 있었다. 이러한 공구들은 곧 표준으로 채택되었고 그것들을 사용한 모든 기계공들은 순식간에 작업 속도를 증가시킬 수 있었다. 그러나 이들 공구들도 비교적 짧은 시간내에 다른 새로운 공구로 대체되었고, 이들 새로운 표준공구들은 추후에 또한 보다 더 향상된 것들에게 자리를 내어 주었다.[17)]

---

17) 기계 기술의 실험자들은 '그가 얻은 지식을 즉시 활용할 것인가' 아니면 '어떤 확실한 최종 결과에 도달할 때까지 기다릴 것인가' 하는 문제에 되풀이하여 직면하게 될 것이다. 그들은 자신의 연구에서 모종의 틀림없는 개선을 이룩하였다는 것을 명백히 인식하고 있지만, 훨씬 더 나은 개선이 가능할 수도 있음을 알고 있다. 물론 경우에 따라 다르겠지만 우리가 내린 일반적 결론은 대부분의 경우에 가능한 한 빨리 개선책을 활용하여 이를 현실에서의 엄격한 사용 실험에 붙이는 것이 현명하다는 것이다. 그러한 실험에 있어서의 필수불가결한 요소 중의 하나는 완전하고 공정한 실험을 위해, 실험자에게 최선의 방법을 선

대부분의 기계기술 분야에 존재하는 과학은 금속 절삭 분야의 과학보다는 훨씬 더 간단하다. 사실 거의 모든 경우에, 개발된 법칙이나 규칙들은 너무나 간단하기 때문에 일반인들이 그 법칙들에 과학이라는 거창한 이름을 붙이기도 어려울 정도이다. 대부분의 업종에서, 개발된 과학이란 노동자가 그의 작업의 어떤 작은 부분을 수행하는 데 필요한 동작에 대한 비교적 간단한 분석과 시간 연구를 통해 얻어진 것이다. 그리고 이런 연구는 대개 단지 스톱워치와 적당히 금 그어진 노트만을 갖춘 사람에 의해 행해진다. 수백 명의 이런 '시간 연구원'들이 전에는 단지 주먹구구식 방법만이 존재했던 분야에서 초보적 과학 지식의 개발에 종사하고 있다. 대부분의 경우 길브레스씨의 벽돌 쌓기에 대한 동작 연구보다도 훨씬 더 초보적인 조사들이 수행되고 있다. 이러한 종류의 간단한 법칙을 개발하는 일반적 과정은 다음과 같다.

　첫째. 분석하고자 하는 특정작업에 특히 능숙한 약 10명 내지 15명의 서로 다른 사람들(소속회사가 다를수록 또 다른 지역 출신이 많을수록 좋다)을 찾는다.

　둘째. 연구대상 작업을 수행하는 데 있어 이들 각자가 사용하는 일련의 요소 작업 및 요소 동작과 이들 각자가 사용하는 도구를 연구한다.

　셋째. 스톱워치로 이런 각각의 요소동작을 수행하는 데 요구되는 시간을 연구하고, 작업의 각 요소를 수행하는 데 있어 가장 빠른 방법을 뽑아낸다.

택할 충분한 권리와 모든 기회를 부여하는 것이다. 그러나 이같이 실험자에게 권리와 기회를 부여하는 일은, 기존의 방법을 유지하려는 보수적 성향과 새로운 것에 대한 의심이라는 범우주적인 편견 때문에 실행되기가 어렵다.

넷째. 모든 부조화 동작, 느린 동작, 불필요한 동작을 제거한다.

다섯째. 모든 불필요한 동작을 없앤 뒤, 최상의 도구 및 가장 빠르고 좋은 동작들을 조합하여 일련의 연속동작을 만들어 낸다.

가장 빠르고 편히 수행될 수 있는 일련의 동작으로 구성된 이 새로운 방법은 이제 이전에 쓰였던 열 가지 혹은 열다섯 가지의 더 열등한 방법들을 대체한다. 이 가장 훌륭한 방법은 더 빠르고 우수한 방법으로 대체될 때까지 표준으로 채택되고 유지되어, 우선 교사(혹은 직능 직장)들에게 이 방법을 가르쳐 주고, 교사들은 또한 그 회사의 모든 작업자들을 가르치게 된다. 이런 간단한 방식으로 과학의 요소들이 차례차례 개발된다.

마찬가지 방법으로 하나의 직종에서 사용되고 있는 모든 종류의 도구가 연구된다. '솔선과 격려'에 의한 경영 철학하에서는 각 작업자는 최단시간 내에 업무를 수행하기 위해서 그 스스로 최선의 판단을 하도록 요구되므로, 그 결과 거의 모든 경우에 있어 특정 목적에 사용되는 매우 다양한 형태와 다양한 종류의 도구들이 존재하게 된다. 과학적 관리는, 첫째로, 주먹구구식 방법하에서 만들어진 특정 도구의 갖가지 변형된 형태에 대한 세심한 조사를 필요로 한다. 그리고 둘째로, 이러한 갖가지 도구들로써 달성할 수 있는 속도에 대한 시간 연구를 수행한 후에, 기존 여러 개의 도구들의 장점들이 작업자가 전에 그가 할 수 있었던 것보다 훨씬 더 쉽고 빠르게 일할 수 있도록 하여주는 하나의 표준 도구로 합쳐지도록 한다. 그 다음에 이 도구는 전에 사용되었던 많은 종류의 다른 도구들을 대신하여 표준으로 채택된다. 그리고 이 도구는 동작 및 시간 연구를 통하여 보다 더 우수한 것으로 판명된 도구로 대체될 때까지 모든 노동자가 사용할 표준으로 존재하게 된다.

위의 설명으로 주먹구구식 방법을 대신할 과학을 개발하는 것은 대부분의 경우 결코 굉장히 힘든 일은 아니라는 사실을 이해할 수 있을 것이다. 그리고 이 개발은 전혀 어떠한 정교한 과학적 훈련을 받지 않은 보통의 평범한 사람에 의해서도 이루어 질 수 있다. 그러나 다른 한편으로는 이런 종류의 가장 간단한 개선조차도 그 성공을 위해서는 과거의 개인적 노력 대신 기록, 시스템, 협동을 필요로 한다.

작업목표에 의한 관리의 효과

이 글에서 여러 번 언급된 바 있으며 특별한 주목을 요하는 또 다른 종류의 과학적 연구의 대상이 있는데, 이는 바로 '사람들에게 영향을 미치는 동기부여에 대한 정확한 조사'에 관한 것이다. 첫눈에는 이것은 개인적 특성에 관한 관찰과 판단의 문제이지, 정확한 과학적 실험의 주제로는 적합하지 않은 것처럼 보일지도 모른다. 이러한 부류의 실험 결과는 인간이라는 아주 복잡한 유기체를 실험 대상으로 삼는다는 점 때문에, 물질과 관련된 경우보다 더욱 더 예외적인 경우가 많은 것은 사실이다. 그러나 대다수의 사람들에게 적용될 수 있는 법칙은 이 경우에도 엄연히 존재하고 있으며, 이 법칙이 명확히 밝혀질 수만 있다면 사람들을 다루는 지침으로서 커다란 가치가 있다. 이런 법칙을 개발하기 위해서, 이 글에서 언급된 서로 다른 많은 종류의 실험과 유사한 실험이 정확하고 세심한 계획하에 수년에 걸쳐 수행된 바 있었다.

아마 과학적 관리와 관련하여 이런 부류에 속하는 가장 중요한 법칙은 작업목표의 개념이 노동자의 효율에 미치는 영향일 것이다.

사실, 이것은 과학적 관리의 방법론에 있어 아주 중요한 요소가 되어 왔기 때문에 많은 사람들에게 과학적 관리는 '작업목표의 관리(Task Management)'로 알려지게까지 되었던 것이다.

작업목표의 개념에서 새로운 것은 전혀 없다. 우리 모두는 각자 자신의 학창 시절에 이런 개념이 적용되어 좋은 결과를 가져왔다는 것을 기억하고 있다. 능률적인 교사라면 학생들에게 모호한 수업을 제공할 생각은 하지 않을 것이다. 교사는 주어진 주제에 있어 얼마만큼은 반드시 알아야 한다고 말하면서, 학생들에게 매일 명확하고 확실한 과제를 제시한다. 그리고 오직 이런 방법에 의해서만이 학생들은 적당하고 체계화된 진도를 보일 수 있다. 보통의 학생은 만일 명확한 과제 대신 그가 할 수 있는 한 많은 공부를 하여보라는 지시를 받으면 학습진도는 매우 부진할 수밖에 없을 것이다. 우리들 모두는 어떤 면에서는 다 자란 아이와도 같다고 할 수 있으며, 따라서 숙련된 노동자에게 공평한 하루의 작업량인 동시에 주어진 시간내에 완수하여야 명확한 작업목표가 주어진다면, 보통의 노동자는 자신과 고용주 모두에게 큰 만족을 안겨주면서 일을 할 것이다. 하루의 공평한 작업량은 노동자에게 하루 내내 자신의 작업진행을 측정할 수 있도록 하여 주며, 이 같은 작업량을 달성함으로써 그는 큰 만족감을 느끼게 된다.

저자는 다른 저서에서 '큰 폭의 영구적인 임금 인상이 보장되지 않는다면, 노동자를 꽤 오랫동안 주위의 보통 사람보다 더 열심히 일하게 하는 것은 불가능하다'는 사실을 증명하는 일련의 실험에 대하여 설명한 적이 있다. 그러나 또한 이 일련의 실험은 만일 '관대한 임금 인상이 수반된다면 최고의 속도로 일할 의사가 있는 노동자도 많이 있다'는 사실도 증명했다. 그러나 노동자들에게는 이 평균을 넘어서는 임금 인상이 영구적이라는 확신을 반드시 심어주어야 한다. 우리의 실험에 의하면, 노동자로 하여금 최상의 속도로 일하게 하는 임금 인상의 비율은 작업의 종류에 따라 다르다.

그렇다면, 매일 노동자들에게 빠른 속도로 작업하여야 달성할 수 있는 작업목표를 부과할 때에는, 만약 그들이 그 일을 성공적으로 수행할 경우 반드시 높은 비율의 임금을 보장하여 주는 것이 절대적으로 필요하다. 즉 빠른 속도로 작업하도록 하기 위해서는 매일 매일의 작업목표량을 결정하는 것 뿐 아니라 주어진 시간내에 성공적으로 작업목표를 달성할 때마다 큰 액수의 상여금 혹은 장려금을 지급하는 것도 필요하다. 만약 같은 작업자에게 기존의 보상방법과 새로운 방법을 차례로 시도하여 보지 않고서는 '이 두 요소(작업목표 및 보너스)가 그 직종에서의 노동자의 능률 극대화와 그 지속성에 미치는 영향'을 제대로 파악하는 것은 어려운 일이다. 그리고 다양한 형태의 작업에 종사하는 다양한 등급의 노동자를 대상으로 하는, 정확하고도 유사한 실험이 행해지기 전까지는 그 효과를 제대로 파악하기 어려운 것이 사실이다. 작업목표의 부과와 상여금의 올바른 적용에 의해 유도되는, 거의 한결같이 뛰어나고도 훌륭한 결과는 이를 실제로 체험하기 전에는 제대로 인식할 수 없을 것이다.

이 두 가지 요소(앞서의 여러 논문에서 지적된 바와 같이 이 두 요소는 여러 가지 방법으로 적용될 수 있다)는 과학적 관리의 방법론상의 여러 가지 가장 중요한 요소들 중 두 가지에 해당되는 것이다. 이 두 가지 요소들은, 말하자면, 방법론상의 여타 요소들(예를 들면 생산계획부, 정확한 시간 연구, 작업방법과 도구의 표준화, 공정계획 시스템, 직능직장과 직능교사에 대한 훈련, 그리고 많은 경우에 작업지시서, 계산척 등)이 사용된 후에만 적용될 수 있는 이를테면 '과학적 관리의 최절

정'이라는 사실로 미루어 특히 중요하다.

생산계획실과 직능교사의 효과

'자신의 최선의 이익을 위해서는 어떻게 일해야 하는가'를 노동자들에게 체계적으로 가르칠 필요성에 대하여는 여러 번 언급한 바 있다. 그러므로 어떻게 이러한 가르침이 행하여지는가를 자세히 설명하는 것이 바람직할 듯싶다. 새로운 시스템하에서 운영되는 기계 공장의 경우, 작업 착수 이전에 '각각의 작업을 수행하는 가장 좋은 방법이 상세히 쓰여진 작업지시서'가 생산계획부의 사람들에 의해 준비된다. 이런 작업지시서는 각자 자신의 전문성 또는 직능을 보유하고 있는 생산계획부의 몇몇 사람들의 합동 작업의 산물이다. 예를 들어, 그들 중의 한 명은 적절한 절삭속도와 사용될 절삭 공구에 대한 전문가이다. 그는 적절한 절삭속도 등을 얻기 위해, 본 책자의 앞부분에서 보조기구로 묘사된 바 있는 계산척을 사용한다. 또 다른 사람은 공작기계에 작업물을 장착하고 탈착하는 데 있어 작업자가 수행하여야 될 가장 빠르고 좋은 동작을 분석한다. 한편 세 번째 사람은 축적된 과거의 시간 연구 기록들을 통하여 작업의 각 요소를 수행하는 데 필요한 적절한 속도를 알려주는 시간표를 작성한다. 하지만 이들 모두의 지시는 한 장의 작업지시 카드 또는 작업지시서에 기재된다.

이들은 그들이 사용하는 기록이나 자료를 항상 가까이 두어야 하고, 업무가 방해받지 않아야 하며, 또 책상이 필요하기 때문에 그들의 업무시간의 대부분을 생산계획부에서 보낼 수밖에 없다. 하지만 작업자들을 작업장에 따로 놓아두면 인간의 본성상 작업자들의 대부분은 문서화된 작업지시서대로 따르지 않게 된다. 따라서 작업자들이 문서화된 작업지시서를 이해하고 그대로 준수하도록 감독할 직능교사 또는 직능직장이 필요하게 되는 것이다.

직능적인 관리하에서는, 옛날 방식의 한 명의 직장이 전문적 직책을 가진 8명의 서로 다른 직장들로 대체된다. 그리고 생산계획부(상세한 내용은 '공장 관리(Shop Management)'라는 제목을 가진 필자의 별도 저서를 참조하기 바란다)의 대리인으로 활동하는 이 사람들은 항상 공장에 있으면서 노동자들을 돕고 지도하는 전문 교사들이다. 이들은 자신의 전문분야에서의 지식과 기술로 인해 선발되었기 때문에 노동자들에게 해야 할 일을 가르쳐줄 수 있을 뿐 아니라 필요하다면 최선의 가장 빠른 방법을 보여 주기 위해 직접 노동자들 앞에서 작업을 수행하기도 한다.

이런 교사들 중 검사관(inspector)이라 불리는 사람은 작업자가 설계도와 작업지시서를 제대로 이해하고 있는지를 살핀다. 그리고 그는 작업자에게 올바른 작업방법을 가르친다; 정교해야 할 작업에는 얼마나 정교하고 정확해야 하는지, 정확성이 필요하지 않은 곳에서는 얼마나 대충 빨리 할 것인지(효율적인 작업을 위해서는 대충 일을 하는 것도 정교하게 일하는 것도 모두 중요하다). 두 번째 교사(십장: gang boss)는 작업자에게 기계에 작업물을 어떻게 장착할 것인지 가르쳐주고, 그가 가장 빠르고 좋은 동작으로 작업할 수 있도록 가르친다. 세 번째 교사(속도 반장: speed boss)는 기계가 최상의 속도로 작동하고 있는지, 또 가능한 최소한의 시간내에 기계가 생산을 끝낼 수 있도록 적합한 공구가 적절하게 사용되고 있는지를 감독한다. 이런 교사들의 도움 외에도, 작업자는 다른 네 사람의 지시와 도움을 받는다; '보수 반장(repair boss)'으로부터 기계나 벨트의 조정, 청결 그리고 일반적 관리에 대해; '시간 사무원(time clerk)'으로부터는 일당임금에 관계되는 모든 것과 근무시간에 관한 보고서와 보수 등에 대해; '작업순서 사무원(route clerk)'으로부터는 작업순서와 공장의 한 지역에서 다른 지역으로의 작업물의 이동에 대해; 그리고 노동자가 혹시 이들 여러 명의 반장 중 어느 한 명과라도 문제가 있을 경우에는 '규율 교사(disciplinarian)'가 그와 면담을 한다.

물론, 같은 작업에 종사한다고 하여 모든 노동자가 직능직장으로부터 똑같은 양의 개인적인 지도와 돌봄을 받을 필요는 없다. 주어진 작업을 처음 해보는 사람은 당연히 똑같은 작업을 아주 오랜 기간 동안 해 온 사람보다 훨씬 더 많은 지도와 주의를 필요로 한다.

작업자의 기계화가 아니라 전문화를 추구

이제, 이런 모든 지도와 세심한 지시를 통하여 노동자들이 작업을 원활하고 쉽게 수행할 수 있도록 되었을 때, 처음으로 받는 인상은 이것들이 노동자를 '나무 인간', 즉 단순한 기계적인 사람으로 만들어 버리는 경향이 있지 않느냐 하는 것이다. 노동자가 처음 이런 시스템하에서 일하게 될 때 "아니, 나는 나를 간섭하거나 돕는 사람이 없이는 혼자서는 생각하거나 움직일 수도 없어!"라고 말하는 바와 같다. 그러나 다른 현대적인 분업에서도 똑같은 비판과 반대는 나타날 수 있다. 예를 들면, 현대의 외과 의사가 미국의 초기 정착민보다 더 한정된 일만 하거나 우둔한 것은 아니다. 그러나 과거의 개척민들은 외과 의사뿐만 아니라 건축 설계자, 집짓는 사람, 벌채 인부, 농부, 군인 그리고 일반의사도 되어야 했으며 심지어는 총으로 법적인 문제를 해결하기도 했다. 당신은 현대 외과 의사의 생활이 개척민보다 더 편협하고 우둔하다고 하지는 않을 것이다. 외과 의사가 직면하고 풀어나가야 하는 많은 문제들은 복잡하고 어려우며, 개척민의 경우와 마찬가지로 그 과정에 있어 이들이 풀어야 하는 문제들은 점점 더 커지고 넓어지는 법이다.

그리고 외과 의사에 대한 훈련은 그 형태면에서 과학적 관리하에 노동자가 받는 지도 및 훈련과 비슷하다는 사실을 상기하여야 한다. 외과 의사는 초년 시절에는, 외과 의사의 업무의 각 요소에 대해 최선의 수행과정을 보여주는 그보다 더 경험이 풍부한 사람들의 엄격한 감독하에 있다. 그 감독자들은 이 초년병 의사에게 하나하나 특별히 연구되고, 개발된 최상의 도구를 공급하고 이 도구를 최선의 방법으로 이용할 것을 엄격히 요구한다. 이 모든 지도는, 그러나 결코 그 초년병 의사를 단순한 업무로 몰아넣지는 않는다. 오히려 그는 선배의사들의 가장 훌륭한 지식을 신속히 얻게 된다; 만일 그에게 최근까지의 세계수준의 최고 지식을 이용하여 만들어진 표준적인 도구와 방법이 주어진다면, 그는 이미 있었던 과거의 지식을 재발명하고자 애쓰는 대신에, 세계의 지식수준을 진정으로 높이는 데에 자신의 창의력과 재능을 발휘할 수 있다. 마찬가지로 과학적 관리하에서 많은 교사들과 협동하고 있는 노동자는, 모든 문제가 '그 혼자'에게 달려있고 전혀 남의 도움 없이 작업하였을 때보다 최소한 같거나 대부분의 경우 더 좋은 것을 개발할 기회를 가지게 된다.

만약에 노동자가 이 모든 지도 없이 그리고 자신의 작업을 위해 만들어진 법칙의 도움 없이 더 훌륭한 기술자가 될 수 있다면, 그것은 수학, 물리학, 화학, 라틴어, 그리스어 등에서 교수의 도움을 얻기 위해 대학에 입학한 젊은이가 아무 도움 없이 혼자서 이런 것들을 공부하는 것이 더 낫다는 말과 같다. 이 두 경우의 유일한 차이점은,

학생은 교사를 찾아 가지만, 과학적 관리하에서는 기계공이 하는 일의 특성상 교사가 작업자를 찾아 가야 한다는 점이다. 실제로 중요한 포인트는, 반드시 개발되는 과학의 법칙의 도움과 교사의 지도를 통해서 일정수준의 지능을 갖춘 노동자가 이전보다 훨씬 더 고수준의, 더 흥미 있는, 더 발전적이고 더 유익한 종류의 일을 할 수 있다는 것이다. 전에는 쓰레기를 삽으로 퍼서 옮기는 일이나 공장의 이곳에서 저곳으로 작업물을 옮기는 일 이외에는 아무 일도 할 수 없었던 노동자가, 많은 경우에 기계공에게나 제공될 만한 마음에 드는 환경과 재미있을 만큼의 다양한 작업과 더 높은 임금과 함께 초보적인 기계공의 일을 할 수 있도록 가르침을 받게 될 것이다. 드릴 프레스 정도 밖에 쓸 줄 모르던 보잘 것 없는 기계공이나 보조공이 더 정교한 고가의 선반이나 플레이너 작업을 할 수 있도록 교육을 받을 것이고, 한편 기술이나 지적능력이 더 뛰어난 기계공은 직능직장이나 직능교사가 될 것이다. 그리고 이와 같이 하여 모든 직종에서 능력의 상승이 이룩된다.

작업자는 개선안의 훌륭한 제안자

과학적 관리에서는 노동자가 새롭고 더 좋은 방법을 고안하거나 도구를 개선하는 일에 자신의 재능을 사용하는 데에 있어, 이전 형태의 관리시스템에 존재했던 것만큼의 자극이 없는 것처럼 보일지도 모른다. 과학적 관리에서 작업자들이 그들의 일상 작업에 적합하다고 스스로 여겨왔던 방법이나 도구를 사용하도록 허용되지 않는 것은 사실이다. 그러나 노동자들이 그들의 작업 방법이나 도구에 관해 개선책을 제시하는 것은 적극 권장되어야 한다. 그리고 노동자가 개선책을 제시하면, 이 새로운 방법에 대한 분석을 수행하는 것은 경영방침으로 수립되어야 하며, 필요하다면 기존의 표준방법과 새로운 제안과의 상대적 장점을 정확히 결정하기 위한 일련의 실험까지 수행하여야 한다. 그리고 만약 새로운 방법이 현저히 기존 안에 비해 우수하다면 이는 전체 공장의 새로운 작업 표준으로 채택되어야 한다. 그리고 그 작업자는 개선안에 대한 완전한 공로를 인정받음은 물론 그의 창의력에 대한 보상으로 상여금이 지급되어야 한다. 이처럼 과학적 관리에서는 작업 표준 없이 개인에게 작업을 맡기는 것보다 훨씬 노동자의 진정한 창의력을 이끌어낼 수 있다.

과학적 관리의 원칙과 메커니즘은 별개의 것

그러나 지금까지 과학적 관리가 전개되어 온 역사를 살펴보면 몇 가지 주의해야 할 점을 발견할 수 있다. 관리시스템의 메커니즘은 관리시스템의 핵심요소 즉 기본철학과는 절대로 혼동되어서는 안 된다. 똑같은 메커니즘이, 한 경우에는 재앙을 일으키고, 다른 경우에는 막대한 이득을 가져다 줄 수 있다. 과학적 관리의 원칙이 준수되었을 때는 가장 좋은 결과를 가져올 메커니즘이, 그것을 사용하는 사람의 마음가짐이 그릇되었을 경우 재앙과 실패를 가져다 줄 것이다. 수많은 사람들이 이 시스템의 메커니즘을 이 시스템의 핵심요소로 오인하고 있었다. 간트(Gantt)씨나 바아쓰(Barth)씨 그리고 저자는 미국 기계공학회에 과학적 관리에 관한 논문들을 발표한 바 있다. 이 논문들에서 과학적 관리시스템에서 사용되는 메커니즘이 상당부분 서술되어 있다. 이 메커니즘의 요소로서 다음과 같은 것들을 들 수 있겠다.

- 시간연구 및 이를 적절히 수행할 수 있는 방법과 도구
- 일인 직장제에 비해 월등히 우수한 직능직장제 또는 다인의 분할된 직장제
- 모든 작업에 있어서 노동자의 동작이나 행동, 모든 도구나 공구의 표준화
- 생산계획부의 필요성
- 경영에 있어서 "예외 원칙"
- 계산척이나 이와 유사한 시간을 절약할 수 있는 도구
- 작업지시서
- 작업목표로서 업무의 목표량을 설정한다는 아이디어 및 목표량 완수시의 많은 상여금
- 차등임금제
- 생산에 사용되는 기구는 물론 생산 제품을 분류함에 있어 기억을 용이하게 하여주는 방법의 사용
- 작업순서도 또는 작업공정도의 사용
- 근대적 원가계산 시스템 등등

그러나 이것들은 단지 메커니즘의 세부사항이나 요소에 불과하다. 원래 과학적 관리는 본질적으로 앞에서 언급했던 것처럼 4개의 경영원칙으로 요약될 수 있는 어떤 철학사상으로 구성되어 있다.[18]

18) (역자주) 네 가지 원칙은:
  1) 작업의 각 요소에 대하여 과학을 개발한다.
  2) 과학적으로 작업자를 선발하고, 훈련하고, 각 작업자를 자기의 업무분야에서 최고의 수준으로까지 개발시킨다.
  3) 모든 업무가 앞서 개발된 '과학'의 원리들에 입각해서 행하여 질 수 있도록 노동자들과 진심으로 협력한다. 객관적 수치가 제시되지 않는다면 진정한 협력

메커니즘의 맹목적 적용은 재앙을 초래

그러나 만약 시간 연구, 직능직장제 등과 같은 이 메커니즘의 기본 요소들이 진정한 경영 철학을 수반하지 않은 채 사용될 때, 대개 재앙이라고까지 할 만한 나쁜 결과를 초래하게 된다. 또 한 가지 염두에 두어야 할 사실은 비록 과학적 관리의 원칙에 완전히 공감하는 사람이라 할지라도, 과학적 관리의 실천에 다년간의 경험을 가진 사람들의 경고를 무시한 채, 기존의 방식에서 새로운 방식으로 성급하게 변화를 서두를 때에는, 종종 심각한 위기에 처하기도 하고, 때로는 파업의 수순을 거쳐 과학적 관리시스템의 도입 자체가 실패하게 된다.

저자는 '공장 관리'라는 다른 저서에서, 종래의 관리방식에서 과학적 관리 방식으로의 변화를 시도하고자 하는 관리자들이 부딪치게 될 위험에 대하여 각별히 조심하여야 한다고 경고한 바 있다. 그러나 많은 경우에 이 경고는 받아들여지지 않고 있다. 새로운 작업 방법으로의 외형적 변화, 시간 연구의 실행, 작업에 관련된 모든 기구들의 표준화, 매 기계의 개별적 연구와 이들 기계를 최선의 상태로 유지시키는 것, 이 모두가 시간을 필요로 한다. 그러나 이러한 작업 요소들의 연구와 개선이 신속하면 할수록 작업목표의 수행에는 더 이로울 것이다. 반면에, '솔선과 격려'에 의한 관리에서 '과학적 관리'로 변화할 때에 발생하는 정말 중요한 문제는, 이 같은 변화는 경영

이 어렵다.

4) 노사간에 일과 책임에서 거의 균등한 분배가 이룩된다. 특히 새로운 시스템에서의 경영진은 노동자들이 과학적이고 효율적으로 일할 수 있도록 자신들이 할 수 있는 업무를 모두 떠맡는다.

진은 물론 노동자측의 정신적 자세나 습관의 완벽한 개혁까지도 포함하여야 한다는 점이다. 그리고 이러한 변화는 점진적으로 일어날 수밖에 없으며, 또한 노동자들이 많은 엄정한 사례와 교육을 통하여 예전의 생산방식보다 새로운 방식이 우수하다는 것을 완전히 납득하였을 때에만 가능한 것이다. 노동자들의 이 같은 정신적 자세의 변화는 반드시 시간을 필요로 하는 것이다. 그 같은 변화에 어떤 속도 이상을 기대한다는 것은 불가능하다. 저자는 이러한 변화를 계획하고 있는 이들에게 비교적 작은 규모의 회사에 있어서도 통상 2년에서 3년, 어떤 경우에는 4년에서 5년이 필요하다고 누누이 경고해 왔던 것이다.

초기에는 노동자에게 영향을 미치는 어떠한 변화도 아주 천천히 진행되어야 하며, 한 번에 한 작업자씩만 다루어져야 한다. 이 작업자가 새로운 작업 방법이 자신에게 많은 득이 된다고 확신할 때까지는 더 이상의 어떤 변화도 시도되어서는 안 된다. 그리고 나서 한 사람씩 차례차례 조심스럽게 변화되어야 한다. 전체 종업원의 1/4에서 1/3 가량이 새로운 작업 방법을 따르게 된 이후에는 급속한 진전이 이룩될 수 있다. 왜냐하면, 이때쯤이면 일반적으로 전체 공장의 여론은 완전히 개혁을 지지하고 있고, 또 기존의 방식대로 작업하고 있는 사람들의 거의 대부분이 그들이 목격한, 새로운 방식에 의해 작업하는 사람들이 얻는 이득을 공유하기를 바라게 되기 때문이다.

새로운 시스템의 도입은 유능한 지도자를 요구한다

저자가 이러한 시스템을 도입시켜주는 사업에서 개인적으로 이미 은퇴한 만큼(즉, 수고의 대가를 돈으로 보상받는 모든 일에서 은퇴한 만큼) 감히 말하는 바이지만, 본인은 과학적 관리의 도입에 관한 실제적인 경험을 갖추고 있고, 또한 과학적 관리의 원칙을 특별히 연구한 전문가의 도움을 받을 수 있는 기업은 정말 운이 좋다고 아무 거리낌 없이 주장하는 바이다. 단지 새로운 관리시스템하에서 운영되는 공장을 관리하여 보았다는 경험만으로는 불충분하다. 기존의 시스템을 새로운 시스템으로 변화시켜 나가는 모든 과정을 책임질 사람은, 이러한 변화과정에서 반드시 봉착하게 되어 있는 특이한 어려움을 극복해 본 개인적 경험을 소유하고 있어야 한다. 특히 정교한 작업을 수행하는 공장에 있어서는 이러한 경험은 더욱 절실하다. 저자가 '과학적 관리 시스템'의 도입업무에 종사하고자 하는 이들을 도와주고, 이런 변화를 시도하기 위해서 취해야 할 조치를 묻는 기업주나 경영인에게 조언을 해 주는 것을 여생의 직업으로 삼으려 하는 것도 바로 이러한 이유 때문이다.

과학적 관리를 채택하고자 하는 사람들에 대한 경고로서 다음과 같은 사례를 소개하고자 한다. 파업의 위험 없이 또 기존의 영업진행을 방해함이 없이, '솔선과 격려'에 의한 관리에서 '과학적 관리'로 변화하는 데 요구되는 광범위한 경험이 부족한 몇몇 사람이, 3,000~4,000명을 고용하여 꽤 정교한 작업을 수행하고 있는 공장에서 급속히 생산량을 증가시키고자 했다. 그들은 유능한 사람들이었고 또 열성적이었으며 저자가 보는 바로는 진심으로 노동자들의 이익증진에 대한 관심도 가지고 있었다. 그러나 저자는 그들이 매우 천천히 프로젝트를 추진시켜 나가야 하며, 이 같은 성격의 회사에서의 관리방식의 변화는 3년에서 5년 이내에는 이룩될 수 없다고 그들이 이 프로젝트에 착수하기 이전부터 경고했었다. 그러나 그들은 이러한 경고를 완전히 무시하였다. 그들은 과학적 관리의 원칙 대신 '솔선과 격려'에 의한 관리 원칙을 과학적 관리의 메커니즘과 혼합사용함으로써, 1년 내지 2년 이내에, 과거에는 적어도 이것의 두 배의 시간이 필요하다고 증명되어진 것을 해낼 수 있다고 믿고 있었다. 한 예로서 정확한 시간 연구에 의하여 얻어진 지식은 막강한 위력을 가지고 있어서, 어떤 경우에는 노동자를 점진적으로 교육, 훈련시키고 새롭고 더 좋은 작업방법으로 이끌어 줌으로써, '노동자와 경영진의 화합을 증진'시킬 수 있다. 그러나 또 딴 경우에는 노동자를 과거와 거의 비슷한 임금에 더 많은 작업을 하게끔 내모는 수단으로 사용될 수도 있다. 불행하게도 이 프로젝트를 책임진 사람들은 노동자를 점진적으로 이끌면서 교육시켜 나갈 직능직장이나 직능교사를 육성할 시간과 노고를 아꼈던 것이다. 예전의 일인직장제를 고수하면서 신무기(정확한 시간연구)로 무장한 그들은, 점진적으로 노동자들을 새로운 방법으로 교육시키고 이끌어 나가면서, 또 노동자들에게 작업목표(작업표준)에 의한 작업방식이 다소 고되기는 하나 훨씬 큰 이득을 가져온다는 것을 확신시키는 대신, 노동자의 소망과는 무관하게 약간의 임금 인상으로 훨씬 더 고된 일을 하게끔 시도하였다. 근본적인 원칙을 무시한 이 모든 것의 결과로 파업이 잇따라 발생하였고, 그 후 프로젝트 책임자들은 물러났으며, 회사는 이전보다 훨씬 좋지 못한 상황에 놓이게 되었다.

앞서의 예는 핵심적인 경영 원칙을 무시한 채 새로운 경영 메커니즘을 사용하거나 과거 경험을 외면하고 꼭 필요한 시간을 줄이려 노력하는 것의 무가치함을 보여주는 산 교훈이 될 것이다. 특히 이런 일을 시도한 사람들이 능력 있고 성실했으며, 실패의 원인이 그들의 능력 부족에 있었다기보다는, 그들이 불가능한 일을 시도하는 데에 있었다는 점이 강조되어야겠다. 이런 뛰어난 사람들은 다시는 똑같은 실수를 저지르지 않을 것이지만, 다만 그들의 경험이 다른 사람들에게 하나의 경고가 되길 바란다.

그러나 우리가 과학적 관리 기법을 보급하여 왔던 지난 30년 동안 원칙에 의거하여 일하는 사람과 관련하여서는, 심지어 새로운 방식으로의 변화가 일어나는 가장 결정적인 시기에도, 단 한 번의 파업도 없었다는 것을 실패사례와 관련하여 다시 한번 언급하는 것이 적절할 것 같다. 이러한 프로젝트에 경험이 있는 사람들이 적절한 방법을 사용한다면, 절대적으로 파업의 위험이나 다른 어려움은 없을 것이다.

저자는 정교한 작업을 수행하는 공장의 관리자는 회사의 중역들이 과학적 관리의 원칙을 완전히 이해하고 신뢰하지 않거나, 이러한 변화에 필요한 모든 과정 특히 시간이 요구된다는 것을 인정하지 않거나, 과학적 관리를 절실히 원하지 않는 경우에는 여하한 일이 있어도 과학적 관리 시스템으로의 변화를 시도해서는 안 된다고 다시 한 번 주장하는 바이다.

과학적 관리의 진정한 수혜자는 사회 전체

의심할 여지없이, 노동자들의 권익에 특히 관심이 많은 사람들은 과학적 관리하에서 노동자가 이제까지 해왔던 작업의 두 배를 할 수 있음에도 임금이 두 배로 인상되지 않는다는 이유로 불평할 것이고, 노동자보다는 이익 배당금에 더 관심 있는 사람들은 노동자들이 전보다 훨씬 많은 임금을 받는다고 불평할 것이다.

노골적으로 말하자면, 예를 들어 훈련받지 않은 이전의 작업자에 비해 3.6배의 선철을 운반하는 잘 훈련된 유능한 작업자가 임금에서 겨우 60%의 가산금을 받는 것은 매우 부당한 것으로 여겨진다.

그러나 관련된 모든 요소들을 고려하지 않고서 최종적 판단을 내리는 것은 공정하지 않다. 얼핏 보면 노동자와 고용주, 단 두 집단만이 관여된 것처럼 보인다. 그러나 우리는 세 번째 중요한 집단, 전체의 사회 구성원 - 이들 두 집단이 생산한 제품을 사서 결국은 노동자에게는 임금을, 고용주에게는 이익을 주는 소비자들 - 을 간과한 것이다.

따라서 소비자들의 권리는 근로자나 고용주의 그것보다 더 크다. 그리고 이 중요한 제 3의 집단도 이익의 적절한 몫을 받아야 한다. 사실상, 산업 사회의 역사를 살펴보면, 결국 산업의 발전으로 생긴 이득은 모든 사람에게 그 혜택이 돌아가게 된다. 예를 들어, 과거 100년 동안 생산량의 증가를 가져와 문명사회의 번영을 이끌어 낸 가장 큰 요인은 인간의 노동을 대신한 기계의 도입이었다. 그리고 의심할 여지 없이 이런 변화로 가장 큰 이득을 본 것은 전체 사회 구성원, 즉 소비자들인 것이다.

짧은 기간 동안에, 특히 특허를 획득한 경우 더욱 빠른 시간내에 새로운 기계를 도입한 사람들은 엄청난 이익을 획득하였다. 그리고 비록 모든 경우는 아니지만 많은 경우 이 같은 회사의 노동자들은 더 좋은 작업조건, 짧은 작업시간, 상당히 더 높은 임금을 얻게 되었다. 그러나 결국 이익의 주된 부분은 전체 사회의 구성원에게로 돌아갔던 것이다.

따라서 기계 도입의 경우에 그러했던 것처럼 과학적 관리 기법의 도입도 틀림없이 같은 결과를 가져다 줄 것이다.

이제, 선철 다루는 노동자의 경우로 되돌아가서, 우리는 작업자의 생산성 증가로 생긴 이득의 상당한 부분이 결국은 더 싼 선철 가격의 형태로 소비자에게 돌아갈 것이라고 가정해야만 할 것이다. 따라서 '선철을 나른 노동자에게는 얼마의 상여금을 지불'하고, '회사에는 얼마의 이익을 남기는 것'이 공평한가에 관한 노사간 이익 배분을 생각하기에 앞서, 우리는 모든 각도에서 다음과 같은 문제들을 고려해야 한다.

첫째, 전에 언급했던 것처럼 선철 노동자는 좀처럼 찾기 힘든 사람이 아니라는 점이다. 즉 그는 단지 다소간 황소 같은 타입의 정신적으로나 육체적으로 강인한 사람일 뿐이다.

둘째, 그가 하는 작업의 피로도는 여타의 건강한 보통노동자가 하루의 적절한 작업을 수행함으로써 얻는 피로도와 동일하다는 것이다(만약 이 작업자가 이 일을 수행함으로써 과로하게 된다면 이는 작업표준이 잘못 설정된 것이며 이 같은 결과는 과학적 관리의 목적에 전적으로 위배되는 것이다).

셋째, 그가 하루에 남보다 엄청난 양의 작업을 할 수 있는 것은 그의 창의적이고 독창적인 능력에 기인한 것이라기 보다, 다른 누군가에 의해 선철을 다루는 과학적인 기술이 개발되어 그가 훈련되었기 때문이다.

넷째, 일반적 능력에 있어 동등한 수준의 사람들(그들의 모든 능력이 고려되어질 때)이 최선을 다해 일했을 때 받는 임금수준은 동등하게 결정되어져야 공정하고 정당하다(예를 들어 이들 선철 노동자들이 일반 노동자들이 정직하게 하루에 최선을 다해 작업을 해서 받은 임금의 3.6배를 받는다면 다른 노동자들에게는 부당한 일이다).

다섯째, 이미 설명했던 것처럼 그가 지급 받는 60%의 임금인상분은 직장이나 관리자가 임의로 결정한 것이 아니고, '모든 면을 고려하였을 때 어떤 수준의 임금이 그 사람에게 진정 최선의 이득을 가져다 주는가'를 결정하기 위해 공정하게 수행된 일련의 긴 실험의 결과인 것이다.

그리하여 우리는 60%의 인상된 임금을 받는 선철 노동자는 동정의 대상이 아니라 축하받을 장본인임을 알게 되었다.

그러나 무엇보다도 많은 경우에 있어 '입증된 사실'은 공론이나 이론보다는 더 설득력이 있는 법이다. 지난 30년 동안 이 같은 시스템하에서 일하여 본 노동자들은 예외 없이 인상된 임금에 만족스러워 하는 한편, 고용주들은 또한 마찬가지로 이익 배당금의 증가로 즐거워한다는 것은 매우 의미심장한 사실이다.

저자는, '세 번째 집단(전체 사회 구성원)이 진실을 알게 되면 될수록 점점 더 사회 정의가 세 집단 모두에게 공평하게 실현되어야 한다고 주장할 것'이라고 믿는 사람 중의 하나이다. 전체 사회 구성원은 근로자와 고용주 모두가 가장 효율적으로 일할 것을 요구한다. 그들은 이제 더 이상 '이익 배당금에만 혈안이 되어있는 고용주'나 '자신이 해야 할 일은 하지도 않으면서, 노동자들의 머리에 채찍소리나 울려대면서, 저임금에 많은 작업을 강요하는 고용주'는 더 이상 용납하지 않을 것이다. 또한 전체 사회 구성원은 점점 더 '비효율적으로 일하면서도 작업시간의 단축과 계속적인 임금 인상만을 주장하는 노동자'들의 비합리성도 용납하지 않을 것이다.

고용주나 근로자 모두의 효율을 높여주고, 노사가 함께 노력해서 얻은 이윤의 적절한 분배를 가져다 줄 수 있는 유일한 수단이라고 저자가 확고하게 믿는 것은 다름 아닌 '과학적 관리'이다. 그 이유는 '과학적 관리'는 '문제의 모든 요소에 대한 공정한 과학적 조사를 통하여, 세 집단 전체에게 정의가 실현되도록 하는 것'을 유일한 목표로 삼고 있기 때문이다. 한동안은 노사 양자가 모두 이러한 진보를

거부할 것이다. 노동자는 예전의 주먹구구식 작업 방법에 대한 어떠
한 간섭도 싫어할 것이고, 경영진은 그들에게 새롭게 부과된 임무와
의무에 불평할 것이다. 그러나 종국에는 계몽된 여론을 통해 사회
각 계층의 사람들이 고용주와 근로자 모두에게 새로운 방식을 채택
하도록 압력을 가할 것이다.

과학적 관리의 의미와 그 효과

혹자는 모든 '지금까지 언급되어진 것 중에서 과거에 알려지지
않았던 새로운 사실은 아무 것도 드러나지 않았다'고 주장할 것이다.
그것은 옳은 이야기일지도 모른다. 과학적 관리는 반드시 어떤 위대
한 발명이나 새롭고 놀라운 사실의 발견을 포함하는 것은 아니다.
그러나 그것은 과거에는 존재하지 않았던 여러 요소들의 조합을 포
함하고 있다. 즉 그것은 경영진과 노동자 모두의 상대방에 대한 그
리고 각자의 의무와 책임에 대한 정신적 태도의 전면적 혁신을 포함
하고 있다. 또한 그것은 기존 지식의 수집, 분석, 체계화를 통해 일
정한 법칙과 규칙을 이끌어냄으로써 과학을 이루는 것을 포함하고
있다. 그리고 그것은 또한 노사간 의무의 새로운 분배 및 기존의 경
영 철학에서는 불가능한 '노사간의 친밀하고 우호적인 협조'를 포함
하고 있다. 그리고 이외에도 과학적 관리는 점진적으로 계속 개발되
어온 메커니즘을 포함하고 있다.

과학적 관리를 구성하는 것은 단 한 가지 요소가 아니고 여러 요
소들의 조합인데 그것들을 요약하면 다음과 같다.

- 주먹구구식 방법이 아닌 과학

- 불화가 아닌 화합
- 개인주의가 아닌 협조
- 억제된 생산이 아닌 최대의 생산
- 각 개인의 최대 능률과 최대 번영을 목표로 하는 개인 능력의 최대한의 개발

저자는 다시 한번 주장하고자 한다. "주변 사람들의 도움 없이 혼자서 위대한 업적을 이룩할 수 있는 시대는 이미 지나가고 있다. 그리고 각 개인이 가장 적성에 맞는 일을 수행하고, 개인적 특성을 유지하면서도 자기 맡은 분야에서 최고가 되고, 동시에 나름대로의 독창성과 창의성을 잃지 않으면서, 다른 사람들의 지시하에 다른 사람들과 잘 화합하여 일하는 협조 시스템하에서 위대한 업적이 이루어지는 시대가 오고 있다."

새로운 관리방식에 의해 실현된 생산량의 증가를 보여준 위의 예들은 상당한 이득이 가능함을 보여주고 있다. 그것들은 특별한 이례적인 것들이 아니고 제시될 수 있는 수천의 유사한 예 중에서 발췌되어진 것이다.

이제 이런 원칙들을 따랐을 때 얻어지는 좋은 점들을 살펴보도록 하자.

가장 큰 혜택은 일반적으로 전체 인류에게 돌아갈 것이다.

구세대에 비해 요즘 세대 사람들이 누리고 있는 커다란 물질적 풍요는 현 세대의 보통 사람이 똑같은 노력을 기울여서 과거에 비해 두 배 혹은 세 배, 심지어 네 배까지 인류에게 유용한 물건을 생산할 수 있다는 사실로부터 초래된 것이다. 이렇게 생산성이 증가한 데에는 물론 일하는 솜씨가 좋아진 것 이외에도 여러 가지 원인이 있다.

즉, 증기와 전기의 발견, 기계의 도입, 크고 작은 여러 가지 발명, 과학과 교육의 발전 등이 그것이다. 그러나 이러한 생산성의 향상이 어떤 원인으로부터 왔던지 간에, 전체 사회의 번영은 각 개인들의 생산성의 증가로 인한 것이다.

각 노동자의 생산성 증가가 다른 노동자들의 직장을 잃게 하지는 않을까 걱정하는 사람들은 '한 국가가 문명국이냐 아니냐', 즉 '가난에 허덕이는 국민인지 또는 번창하는 국민인지'를 구분하여 주는 가장 특징적인 요소는 문명국의 보통 사람이 가난한 나라의 보통 사람보다 다섯 배 혹은 여섯 배 높은 생산성으로 일하는 데 있음을 명심해야 할 것이다. 또한 '세계에서 가장 활발한 산업 활동을 하고 있는 나라인 영국'에서 실업률이 높은 가장 큰 원인은 영국의 노동자들이 다른 어떤 나라의 노동자들보다도 더, '각자가 최선을 다해 열심히 일하면 자신의 이익에 배치된다고 하는 그릇된 사고방식에 사로잡혀 고의적으로 생산을 줄이고 있기 때문'이라는 것도 사실이다.

앞으로 과학적 관리가 널리 채택되면 산업체에 근무하는 사람들의 생산성은 곧 두 배로 늘어날 것이다. 이것이 사회 전체에 어떤 의미를 가져다주는지를 생각해 보라. 나라 어디에서나 쉽게 구할 수 있는 일상생활의 생필품과 고급상품의 증가와 원한다면 작업 시간을 단축시킬 수 있는 가능성과 그럼으로써 교육, 문화, 오락을 누릴 수 있는 기회가 늘어난다는 것을 생각해 보라. 생산성의 증가로 온 세계가 이런 혜택을 누리는 한편, 제조업자와 노동자는 당연히 자신들과 그들의 가족들의 특별한 이익에 훨씬 더 관심을 가질 것이다. 과학적 관리는 그것을 채택한 고용주들과 노동자들, 특히 일찍 그것을 채택한 고용주와 노동자들에게는 노사간의 모든 분쟁과 불화의 거모든 원인을 제거하였음을 의미한다. 또 '공평한 하루의 작업량이 얼마만큼인가' 하는 것은 더 이상 밀고 당기는 협상이나 입씨름의 대상이 아니라 과학적 연구의 문제가 될 것이다[19] 빈정거림의 목적이 없어지므로 더 이상의 빈둥거림도 없을 것이다. 새로운 경영시스템에 수반되는 높은 임금 인상으로 인하여 이제 임금문제는 더 이상 분쟁의 원인이 될 수 없을 것이다. 다른 무엇보다도, '긴밀하고 우호적인 협조'와 '양방 간의 지속적인 인간적 접촉'은 갈등과 불만을 점차 줄여나갈 것이다. 동일한 이해관계에 있고, 동일한 목적을 달성하기 위해 오랜 동안 나란히 일해 오던 두 사람이 계속 다툰다는 것은 불가능하다.

생산성의 두 배 향상으로 인한 생산비의 절감은 이러한 관리방식을 택한 기업들, 특히 일찍 이를 채택한 기업들로 하여금 이전보다 훨씬 더 좋은 경쟁력을 확보할 수 있게 하여줄 것이며, 이는 그들의 시장을 넓혀 줌으로써, 그 회사의 종업원들은 불경기에도 꾸준히 일감을 확보할 수 있을 것이고, 그들의 회사는 항상 이윤을 얻을 수 있을 것이다. 이는 그들은 물론 그들 주변의 지역사회 전체가 가난에서 벗어나 부가 늘어감을 의미한다.

그리고 생산성의 획기적 향상에 부수되는 것의 하나로서, 각 노동자들은 각자 맡은 분야에서 가장 능률적으로 일할 수 있도록 체계적으로 훈련받으며, 또한 옛날의 관리 방식에서 할 수 있었던 일보다 훨씬 높은 등급의 일을 할 수 있도록 가르침을 받는다. 동시에 이전에는 많은 시간을 불평과 의심과 경계심, 그리고 때로는 노골적인 분쟁을 하느라 보내던 근로자들은, 이제 고용주와 자신의 전체적 작

---

19) (역자주) 1993년의 시점에서 우리나라의 현실을 돌아볼 때, 택시회사의 노사 협상을 비롯하여 대부분의 노사협상이 과학에 근거하는 경우는 찾아보기 힘들며, 어떤 측면에서는 입씨름만으로 협상이 진행되는 듯싶다.

업조건에 대해 상당히 우호적인 정신적 태도를 가지게 된다. 이같이 '과학적 관리시스템'하에서 일하는 모든 사람들에게 돌아오는 직접적인 이득이야말로 전체 문제에 있어서의 가장 중요한 요소들 중의 하나인 것이다.

이러한 결과들의 실현이 지금 영국인들과 미국인들을 동요케하는 대부분의 현안 문제를 해결하는 것보다 훨씬 더 중요하지 않은가? 그리고, 이 중요성을 전 지역사회에 인식시키기 위해 최선을 다해 노력하는 것이 그런 사실을 깨달은 사람이 해야 할 의무가 아니겠는가?

부 록

부록 1
'테일러'와 '테일러 시스템'에 관하여
(1947년판 테일러의 '과학적 관리의 원칙'의 서문)[1]

옛 인쇄본들이 품절된 현 시점에서, 테일러 자신이 쓰고 설명한 '과학적 관리'에 대한 독자층의 계속적인 요구에 의하여 출판사가 신판 인쇄에 착수한 것은 매우 의미있는 일이다. 테일러와 관련된 책들은 '공장관리(Shop Management)', '과학적 관리의 원칙(The Principles of Scientific Management)', '미국 하원의 사회분과위원회가 테일러 시스템과 기타 공장관리 시스템들의 조사를 위해서 소집한 청문회에서의 테일러의 증언(Testimony Before the Special House Committee)' 등 3권이 있는데 이들 테일러와 관련된 책들은 20세기 경영 및 관리기술의 발달에 기여한 주요원동력을 알고자 하는 사람들에게는 필수적인 것들이다.

사실 테일러의 저작들은 '필요하기 때문에 여건상 어쩔 수 없이 만들어진 저작물'로 분류함이 타당하다. 그 이유는 테일러라는 사람

---

1) 본 서문은 테일러 협회의 전 회장이며 뉴욕의 경영 컨설턴트인 퍼어슨 (Harlow S. Person)씨가 1911년 초판이 발행되었던 테일러(Frederick W. Taylor)씨의 '과학적 관리의 원칙(The Principles of Scientific Management)'의 1947년도 판의 발간에 즈음하여 씀.

은 그 성격, 교육 및 경험의 배경에 비추어볼 때 기술자 타입의 최고 경영자, 즉 행동파인 반면 글을 쓰는 것 그 자체에는 관심이 없었다. 비록 인내하며 글은 썼지만, 그는 글쓰기를 힘들어 하였다. 더욱이 그는 관리기술이라는 것이 강의실에서 가르칠 수 있거나 독서를 통해서 배울 수 있는 것이라고는 믿지 않았으며, 다만 실천을 통해서 배워야 한다고 생각했다. 테일러는 그 성격상 과학적 관리에 대한 공식적인 저작물의 준비에 관심을 둘 사람이 아니었으며 그의 저작물들 하나하나는 주위환경의 도전에 대한 대응책으로 만들어진 것이었다. 이러한 이유에서 위에 언급된 책들은 각각 특별한 접근방법과 강조점을 보여주고 있다.

그의 저서 '공장관리'는 1903년 뉴욕의 사라토가(Saratoga)에서 열린 미국 기계공학회(American Society of Mechanical Engineers) 모임에 제출되었다. 그 회의의 참석자들은 일반 사회인이 아닌 기술자 출신의 최고경영자 그룹이었는데, 그 주최자인 미국 기계공학회가 간결한 원고를 요구하였기 때문에 이 저술에서는 주로 과학적 관리의 '기법 측면'이 강조되었고, 과학적 관리의 '원칙과 사회적 의미'는 가볍게 다루어졌다. 그 회의에 참석한 사람들은 기법의 주요점을 이해할 경우, 그 기법을 채택하고 개발할만한 권한을 가진 공장 실무자들이었기 때문에 테일러는 이 책에서 기법의 기술적인 면을 주로 강조하였다.

'과학적 관리의 원칙'이란 책은 1911년 초에 출판되었다. 그 당시의 주위여건은 '공장관리'가 저술될 때와는 달랐다. 그동안 기법에 대한 논쟁이 진행되었고 필수적으로 원칙의 문제가 대두되었으며 이른바 '과학적 관리'의 개념이 논쟁점이 되었다. 결과적으로 1909년에 테일러는 원칙을 강조하기 위한 원고를 준비하였고 그것을 미국 기계공학회의 해당 위원회에 심사토록 제출하였는데, 이 위원회는 약 1년 동안 아무런 조처를 취함 없이 이 원고를 보유하고만 있었다. 이 기간 동안(1910년 후반) 워싱턴에서 진행된 '주간 상공 위원회 (Inter-state Commerce Commission)' 주관의 '임금에 관한 청문회'는 대중들의 강력한 관심을 끌었다('과학적 관리'라는 용어는 이 청문회에서 최초로 명명된 것이다). 신문과 월간잡지들은 '과학적 관리'라는 것이 뉴스의 가치가 있다고 생각했다. 특별취재반은 테일러 및 그의 동료들과 인터뷰를 하며 특별기사를 준비하기 시작하였다. 테일러는 공공의 이해관계 측면을 강조한 전문적이고도 엄정한 설명서가 필요하다고 느꼈다. 결국 그는 사회의 요구를 수용하고자 미국 기계공학회로부터 그 보고서를 회수, 그 자신의 돈으로 책을 발행하여 협회의 모든 회원들에게 보냈으며, 또한 '하퍼 앤드 브라더즈(Harper and Brothers)' 출판사에게 대중용 서적을 출판할 권한을 부여했다. 제목이 말해주듯이 테일러가 강조한 것은 원칙들이지만 이 저작은 필요한 만큼의 기법 설명과 사례를 포함하고 있었다.

'과학적 관리의 원칙'은 현대의 관점에서 볼 때 원칙을 적합하게 표현하지는 못하고 있다. 우선 테일러는 일반론적인 사고방식이 요구되는 학구적인 성향과는 반대되는 성향을 가진 사람이었다. 그는 행동파였고 즉시 측정가능한 결과에 관심이 있었다. 다른 한편으로는 이들 '원칙'들이 준비된 시기에는 테일러의 잠재된 능력, 즉 일반화시키는 능력을 도출해낼 외부적 압력이 없었다. 그러한 외부적 압력은 1911~1912년의 겨울 동안 미 하원의 특별분과위원회 청문회에서 나타났다. 이 특별분과위원회가 조직된 것은 노동단체들의 요구에 기인하였는데, 노동단체들은 그 당시 개인별 생산성의 측정 및 그 절차가 그들에게 미치는 영향에 관심을 기울이고 있었다. 노동단체들은 '과학적 관리'의 가장 좋은 적용예뿐 아니라 비양심적인 기업가와 관리자에 의한 기법의 적용(테일러는 기법이 좋게도 또 나쁘게도 사용될 수 있다고 하였다)에 특히 관심이 있었다. 과학적 관리는 군의 여러 병참기지에서도 적용되기 시작하였기 때문에 노동단체들은 이 일이 의회에서 논의될 중요사항중의 하나라고 주장하여 하원에 특별 청문회가 조직되었다. 일반적으로 청문회라는 것은 완전히 객관적일 수 없으며 때때로 공평하지 못한 것이 사실이다. 청문회의 구성 자체가 조사대상에 반대되는 의견을 가진 정치적 압력에서 야기되기 때문에 청문회 위원의 구성에 그 같은 정치적 압력이 영향을 미치었다는 주장에 대해 동 청문회는 별로 할 말이 없을 것이다. 그러나 동 청문회의 실체화는 어떤 의미에서는 다소 역설적으로 공적인 봉사의무를 수행하였다고도 할 수 있다. 왜냐하면 그 같은 청문회가 없었더라면 테일러는 과학적 관리의 철학, 원칙 및 기법에 대하여 전문가적 저술로서 기록을 남겼을 리 만무하기 때문이다. 증언 중 일부는 웅변적이고도 명확하게 그의 사상을 표현하였다. 예를 들면 과학적 관리가 무엇이며 또한 무엇이 과학적 관리가 아닌지에 관한 유명한 귀절들이 증언부분에 등장한다.

후레드릭 윈즐로 테일러(Frederick Winslow Taylor)는 부유하다고는 할 수 없지만, 유복하며 교양 있는 필라델피아의 한 집안에서 1856년에 태어났다. 그의 양친은 그가 법학을 전공하기를 희망하였다. 그리고 그를 하버드 대학에의 입학시험을 준비시키기 위해 필립스 아카데미(Phillips – Exeter Academy)에 보냈다. 그는 비록 아주 뛰어난 학생은 못되었지만 목표에 대한 성실함과 열심히 공부한 덕택에 학급의 우등생이었다. 그러나 그는 등유 불빛 옆에서 너무나 열심히 공부한 끝에 심각한 시력손상의 대가를 치르게 되었다. 의사는 그가 대학입학은 물론 눈을 많이 사용하는 공부와 관련된 어떠한 직업을 갖는 것도 반대하였다. 그리하여 그는 미래에 대한 확실한 대책 없이 필라델피아 양친의 집으로 돌아왔다.

정력적이고 성실하며 또한 빈둥대며 쉬기를 원치 않던 그는 너무 많은 독서를 요구하지 않는 직업을 찾았으며, 1874년에 필라델피아의 자그마한 공장의 '목형제작과 기계가공 분야의 도제'로 일을 시작했다. 1878년에는 '다기능기계공(journeyman machinist)'과 '다기능목형제작공(journeyman pattern-maker)'이 되었다. 미드베일(Midvale) 제철소의 사장인 윌리암 셀러즈(William Sellers)씨의 명성에 매력을 느낀 그는, 그 회사에 응시하여 일을 시작하게 되었다. 그러나 이 첫 번째 일은 기계공이나 목형공이 아닌 일반노동자로서의 일이었다. 그의 정력과 천재성은 다음과 같은 승진경력에서 명확히 나타난다. 8년 동안에 그는 일반노무자, 타임키퍼(time keeper)[2], 기계공(machinist), 조장(gang boss), 직장(foreman), 보조엔지니어에서 수석엔지니어로 승진하였다. 그동안 다행스럽게도 시력은 호전되었고 비번 중의 밤공부로 그는 스티븐스 공대(Stevens Institute)에서 기계공학 학사 학위도 받았다. 그는 매일의 작업과정에서 '과업 시스템(Task System)'이라고 불린 관리기술을 발전시켰다. 이것은 그의 동료들에 의해 '테일러 시스템(Taylor System)'이라고 불리었고 마침내는 모든 사람들이 그것을 '과학적 관리(Scientific Management)'라고 칭하게 되었다.

---

2) (역자주) 타임키퍼는 우리의 공장시스템에서는 찾아보기 힘든 직종으로써 우리나라와 같이 공장 출퇴근 시간에 근거한 임금지급 시스템이 아니고, 미국 등과 같이 실제로 기계에서 작업한 시간에 대하여만 임금을 지급하는 시스템에서 실제 작업한 시간을 인증하여 주는 직종을 말한다.

이 기법의 개발은 다음과 같은 에피소드에서 유래된 것이다.

그가 작업조장으로 임명되었을 때 그는 노동자들에게 압력을 가함으로써 생산량을 늘리고자 하였다. 이 때문에 그와 그의 부하 노동자들 사이에 격렬한 암투가 시작되었으며, 테일러는 비록 이 알력에서는 승리하였으나 심적으로는 큰 상처를 입었다. 그는 이 일에 대해 심사숙고하였고 마침내 그러한 대립의 원인은 합리적인 하루의 노동량을 무시한 채 강압에 의해 생산량을 확보하려는 경영자세에 있다고 보았다. 만약 경영자 측이 정확한 하루의 노동량을 안다면 그에 근거하여 마찰 없이 합리적으로 그 생산량을 얻어낼 수 있을 것이다. 마침내 그는 실험에 의해 '공장의 모든 작업의 합리적 하루 노동량'을 결정하였다. 그의 실험은 미드베일(Midvale)제철소, 베들레헴(Bethlehem)제철소, 그 후 그가 경영 컨설턴트로서 일할 때 여러 기업에 적용되었다. 불과 몇 해만에 그는 어떤 경영기법보다도 그 사례와 적용범위, 생산성 및 노사관계에 있어 훨씬 효율적인 경영기법을 발전시켰다.

이 새로운 기법은 두 가지 요소를 포함하고 있었다.

첫째, 모든 작업에 대한 최적 작업방법과 수행 소요시간을 발견하는 것이다. 이들 최적 수행방법과 수행 소요시간은 실험을 통해 결정되는데, 공장내의 모든 작업 및 각 작업의 구성요소들에 대한 연구를 통하여 '현행 기술수준에 있어서의 최적의 원자재, 최적의 물자, 최적의 도구 및 기계 그리고 최선의 작업흐름과 최선의 단위동작들의 연결에 의한 최선의 작업방법'들을 발견하는 것을 포함한다. 또한 이와 관련된 자료들은 추후 새로운 주문들이 있을 때 사용되기 위해서 분류 색인된 후 파일로 저장된다.

둘째, 경영자와 노동자 사이의 새로운 역할 분담이다. 즉, 경영자에게는 '작업의 단위요소를 수행하는 최선의 방법을 모색할 책임'과 '작업스케줄을 계획하고 노동자들이 필요로 하는 물자, 도구, 작업지시, 설비를 적절한 시간 및 장소에 필요한 양만큼 조달할 책임'이 주어진다.

이 기법에서 파생되는 생산성 향상은 노동자의 투입노동력의 증가에 기인하는 것이 아니라 낭비의 제거 즉 잘못 적용된 노력이나 물량수급의 실패, 지연 등에 의한 노동 및 기계시간의 낭비 제거에서 오는 것이다. 대개의 경우 이 기법을 사용하면 투입되는 노력은 단순화되거나 감소된다. 테일러는 1885년에 미국 기계공학회(ASME)의 회원이 된 후, 학회 주관의 회합에 참석하여 경영에 관한 토론을 관심있게 들었는데 특히 헨리 타운(Henry R. Towne)씨의 '엔지니어의 경제의식'이라는 발표에 깊은 감명을 받았다. 그러나 그는 점차로 이 같은 토론 및 그들의 주안점에 실망하게 되었다. 토론들은 대체로 보너스 임금과 차등임금제에 대한 것이었는데 테일러는 이들 생산성 향상의 아이디어들을 '노동자들의 솔선과 경영진의 금전적 격려(Initiative and Incentive)'에 의한 경영이라고 불렀다. 이러한 경영의 형태에서는 경영자는 보너스를 통해서 노동자들의 자발적이고도 보다 강도 높은 노력을 유도하고, 이에 의하여 생산성 향상을 도모한다. 이 같은 '솔선과 격려'의 경영형태에서는 '경영자의 의무', 즉 '생산성 향상이나 노동자의 노력을 경감시키기 위해서 경영자가 시도할 수 있는 방안'에 대하여는 아무것도 고려되지 않는다.

결국 테일러는 그의 경영기법에 관한 원고를 제출하기로 결심한다. 물론 테일러는 경영기법에 관해 쓰고 싶었으나 그 당시에는 임금체계가 이해관계의 초점으로 부각되었던 까닭에, 테일러는 그의 경영기법을 차등임금 체계에 관련시켜 작성하였다.

1895년 테일러는 '생산 개수에 기준한 임금체계(A Piece Rate System)'라는 원고를 발표하였다. 그 결과 개당 임금에 관한 부분은 큰 관심을 불러일으켰으나 경영기법 자체는 독자들에게 무시되었다. 테일러는 비록 실망하였으나 그의 준비가 부족하였던 것으로 감내하고 현실을 냉정하게 받아들였다. 그는 꾸준히 기다린 끝에 더 많은 경험을 축적하고 관련 자료를 정리한 후, 경영에 관한 그의 새로운 저술 '공장관리(Shop Management)'를 8년 후인 1903년에 미국 기계공학회에 제출하였다. 대부분의 회원들은 그 저술을 거들떠보지도 않았으나 극소수의 사람들, 특히 미래에 대한 탁월한 식견을 가진 헨리타운씨 같은 사람은 그의 아이디어의 의미심장함을 인식하였으며 그 책은 오래지 않아 경영분야에 있어 논쟁의 핵심이 되게 되었다.

청문회에서의 증언 중에 테일러는 "얼마나 많은 회사가 테일러의 시스템을 완벽하게 적용하고 있느냐?"고 질문을 받았다. 그의 대답은 "한 회사도 없다"였다. 그리고 이어 말하기를 많은 수의 회사가 테일러 시스템의 상당부분을 사용하고 있다고 하였다. 테일러가 이번에 새로운 출판이 시도되는 1947년까지 살아있어 똑같은 질문을 받는다 해도 대답은 역시 같을 것이다.

그러나 그럼에도 불구하고 테일러의 원작에 대한 수요가 끊임없이 계속되어 이 같은 신판본이 필요하기까지 이르렀는데 이 같은 일견 모순된 현상의 원인은 어디 있을까?

미국 및 서부 유럽의 산업은 '과학적 관리'에 의해 많은 영향을 받았으며 사실은 그것으로 점철되어 있다. 모든 제조업체는 생산관리부를 두고 있다. 시간연구 테크니션들은 사방에서 활용되고 있으며 가장 모범적인 마케팅 부서의 판매 프로그램, 예산 등도 이 기법을 사용하고 있다. 일반적인 행정스케줄, 행정 예산, 행정 표준은 '과학적 관리'의 영향을 받고 있다. 제품별, 공정별 및 작업별의 근대적 원가 계산은 '과학적 관리' 없이는 불가능하다. 그러나 여기에 사용된 '과학적 관리'는 메커니즘이 주된 것이며, 이들 메커니즘은 '과학적 관리'의 정신적 원칙을 포함하지 않고도 어떤 조직체에서나 수행될 수 있다.

청문회에서의 테일러의 발언 중 중심이 되는 부분은 진정한 '과학적 관리'는 노사 양방간에 정신적 혁신이 필요하다고 한 부분이다. 극소수의 예외의 경우가 있을 수 있으나, 결국 노사양방은 '노사양방의 이익과 궁극적으로 사회전체의 이익을 위해서는 인간이 필요로 하는 재화를 계속 더 많이 생산하여야 된다'는 사실을 인정하여야 한다. 재화의 생산에는 인간의 에너지와 물질적 에너지가 필요하다. 따라서 노사양방은 낭비를 최소화하면서 재화를 생산할 수 있는 법칙을 공동의 힘으로 모색하여야 한다. 노사양방은 분업의 원칙에 입각하여 이들 법칙을 효율적으로 수행하는데 서로 협력하여야 한다.

테일러의 활동기간 중 그가 관여한 한 작은 공장에서 이러한 노력이 비공식적으로 발생하였다. 모든 노동자는 표준의 개발에 방관자인 한편 참여자이기도 하였다. 테일러 자신이 공식적인 단체교섭에 관여한 경우는 없었으나, 테일러가 단체협약의 기능을 신뢰하지 않은 것은 아니었으며, 테일러 시대 이후로 '과학적 관리'는 여러 곳에서 단체협약의 테두리 안에서 개발되었다. 테일러는 어느 특정회사에서 '과학적 관리' 기법이 적용될 것인지 아닌지를 결정하는 것은 단체교섭의 대상이 될 수 있다고 공감하였다. 하지만 교섭에 의해 어떤 사실 — 연구나 실험에 의해서만이 발견될 수 있는 — 을 발견할 수 있다는 개념은 단호히 배격하였다.[3] 생산성 향상이 중요하다

---

3) (역자주) 1993 현재의 시점에서 보더라도 우리 주변에 비과학적이고 비합리

는데 대한 공동의 인식, '생산성 향상을 위해서는 인적 에너지 및 물적 에너지를 절약하기 위한 법칙을 과학적 방법으로 발견하여야 한다'는 인식, 이들 법칙을 수행하기 위한 노사 양방의 노력 그리고 인내, 그리고 또 인내 – 이런 것들을 테일러는 '과학적 관리'의 진정한 초석이라고 생각하였다.

따라서 진정한 '과학적 관리'는 그 당시 일반회사에서는 거의 존재하지 않던 노사 양방의 일치된 견해와 일치된 이해관계 및 일치된 노력을 요구한다. 관리자는 반드시 '과학적 관리'의 목적 및 원칙을 이해하여야 하며, '과학적 관리'라는 것이 개발되는 것이지 장비나 기계와 같이 일괄적으로 설치될 수는 없다는 것 그리고 투자의 관점에서 볼 때 그 투자수익은 매우 크지만 경우에 따라서는 그 수익시점이 지연될 수도 있다는 것, '과학적 관리'의 개발은 시간과 인내를 필요로 한다는 것을 이해하여야 한다.

'과학적 관리'의 개발에 관여하는 모든 관리자는 이 같은 사실을 가슴 깊이 이해하여야 하며, 또한 과거의 낡은 기준을 대신할 새로운 기준을 발전시키는 데 있어서나 기존의 시스템을 새로운 시스템으로 일사불란하게 대체시키는 과정에서 노련하게 대처하여야 한다. 그리고 특히 경영자는 노동자들이 '과학적 관리'의 목적과 의미를 이

적인 수단에 의존하는 단체교섭이 많이 널려 있음을 알 수 있다. 예를 들어, 해마다 거듭되는 택시회사의 노사협상 과정에서 '정상적으로 운행하였을 경우, 택시 한 대의 하루당 평균 수입량'이나, '현재와 같이 비정상적인 운행방식을 따를 경우의 택시 한 대당 하루의 평균 수입량' 또는 '사납금의 적정성' 여부에 대한 실험치가 등장하지 않고 있음은 매우 유감스러운 일이다. 이러한 부분들이 바로 테일러의 과학적 관리의 제1 원칙, 즉 '각 작업요소에 과학을 적용한다 – 작업에 관련된 모든 중요사항을 수로 표시한다'에 해당된다. 또한 제1 원칙을 따르지 않기 때문에 노사간의 갈등이 심화되고 제3원칙에서 이야기하는 진정한 협력이 이룩되지 않음을 보여주는 단적인 예라 할 수 있다.

해하도록 도와주어야 하며, 노동자들로 하여금 경영자에 대한 신뢰를 유지하도록 하여야 한다. 테일러는 한 회사에서 '과학적 관리'를 완성시키는 데는 2년 내지 5년(주로 5년)이 걸린다고 그의 증언에서 말하였다. 그것은 반드시 나무처럼 심어서 가꾸고, 거름을 주어 기르며, 잔가지를 쳐서 모양새를 내 주어야만 한다. 그것은 보일러나 기계처럼 설치하거나 살 수 있는 것이 아니다.

'과학적 관리'를 완벽한 수준까지 개발시키기 위해서는 이러한 제반 조건들이 모두 인지되어야 하기 때문에 '과학적 관리'의 성공적인 예가 그같이 적은 것이다. 더욱이 많은 감독자와 경영자들에게 기법의 기계적 측면만을 극대화하고자 하는 기회주의적 경향이 있음은 매우 유감스러운 일이다.

테일러의 저작에 대한 요구가 꾸준히 지속되고 특히 최근4)에는 더욱 증가하는 추세에 있음은, 기업가들뿐 아니라 사회학자들까지도 과거 그들이 위대한 사회적 원동력으로서의 '과학적 관리'의 가치를 이해하는 데 실패하였음을 인식한 증거라 할 수 있다. 일반적으로 '과학적 관리'는 '각 작업장에서, 과학적 방법에 의해, 에너지를 보존하고, 생산성을 향상시키는 기법'으로서의 일차적 특성에 의해서만 평가되어 왔었다. 그러나 '공장관리'가 거의 반세기 전에 저술된 이래 이 기법은 대기업의 거의 모든 부서의 업무합리화에, 경우에 따라서는 기업 전체의 업무 조정에 적용되어 왔다. 만약 우리가 '과학적 관리'가 내포하고 있는 잠재력을 거시적 관점에서 탐구할 경우, '과학적 관리'의 철학, 원칙 및 기법이 국가 전체 아니 온 세계의 낭비제거에 적용될 수 있다고 생각할 수도 있다.

---

4) (역자주) 테일러의 저작물들이 재출간된 1947년경을 의미한다. 2차대전 종전 후 일본과 독일에서도 테일러에 대한 관심이 높아지고 있었다.

제2차 세계대전으로 인한 극심한 궁핍으로부터의 회복을 위해 가능한 모든 회복 수단이 모색되어야 한다. 그리고 전쟁의 와중에서 아직 남아있는 인적 및 물적 에너지의 보존과 파괴된 경제의 부흥을 위한 조직 재정비에 대한 요구가 지금처럼 절실한 적은 없었다. 속히 기아를 해결하고, 더 나은 경제적 안정을 이룩하고, 선동적인 그릇된 지도자를 따르고자 하는 충동을 제거할 수 있을 정도까지 우리가 생산성을 향상시킬 수 있느냐 하는 데에, 민주체제의 존속여부가 달려있다고 할 수 있겠다.

부록 2
'산업공학'과 '과학적 관리의 원칙'
(1911년판 테일러의 '과학적 관리의 원칙'의 서문)1)

나는 기업경영 분야에서 테일러 박사의 한 동료로서 그의 기법개발의 거의 초창기부터 그를 도와왔다. 그리고 그가 창안한 기법의 중요부분이 점차 구체화되는 과정에서, 기업 경영 분야에 대한 그의 엄청난 기여에 경탄을 금치 못하게 되었다. 인간이 스스로 수행할 수밖에 없었던 '인간의 노동'을 대신하는 '기계의 발명'은 19세기의 위대한 업적이었다. 테일러 박사는 '인간의 노동'을 능률과 소득증대의 측면에서 한 단계 높은 수준으로 올려놓음으로써 기계의 발명에 버금갈만한 위대한 업적을 이룩하였다.

1886년 5월의 미국 기계공학회 학술대회의 논문 초록집에 제출한 '엔지니어의 경제의식(The Engineer as an Economist)'이란 논문에서 나는 다음과 같이 주장하였다.

"미국 국호(United States)의 첫 글자들(U.S.)을 모아서 만든 달러($)기호는 피트, 시간, 파운드 또는 갤런을 가리키는 기호와 마찬가지로 엔지니어들의 계산과정에 아주 빈번히 등장한다. 이는 아마도 대

---

1) 본 서문은 전 미국 기계공학회 회장이며 '예일 타운사(Yale and Towne Manufacturing Company)'의 전 사장 헨리 타운씨(Henry R. Towne)가 씀.

부분의 경우에 엔지니어들의 작업의 최종 결과는 절대적 또는 상대적 가치에 기준한 달러(Dollar) 또는 센트(Cent)의 문제로 귀결되기 때문일 것이다. 최선의 결과를 얻기 위해서는, 최고경영자는 집행능력이나 기술능력이 뛰어날 뿐 아니라 이에 버금갈 정도로 임금, 구입자재, 비용계좌 등 생산의 경제성 및 제품의 원가에 영향을 미치는 모든 필수요소를 관측, 기록, 분석, 비교할 수 있는 능력도 갖추어야 한다."

산업공학과 관련된 것으로서 내가 1905년 2월 퍼듀대학 졸업생들에게 행한 연설 중 일부를 소개하고자 한다.

"비용이 무시될 수 있는 국방분야 등 특별한 몇 경우를 제외하고는, 비용이라는 것은 모든 공학분야의 방정식에서 가장 중요하게 고려되어야 할 항목이다. 다시 말하면 공학도의 진정한 임무는 실제적 문제의 해결뿐만 아니라 경제적 해결방법까지를 제시하는 것이다. 예를 들어 골짜기나 계곡을 지나는 철도를 가설하는 경우를 생각하여 보자. 물론 계곡의 틈새를 흙으로 채움으로써 문제를 해결할 수 있음은 누구라도 지적할 수 있다. 그러나 오직 엔지니어만이 흙으로 채우는 것과 다리를 가설하는 것 중 어느 것이 더 경제적인지를 결정할 수 있으며, 그 다리를 안전하고도 가장 싼 비용으로 설계할 수 있는 적임자인 것이다. 따라서 엔지니어는 그 직업의 본질상 경제학도일 수밖에 없는 것이다. 엔지니어의 역할은 단순히 '설계'하는 데에만 있는 것이 아니고 '최고로 경제적인 결과를 보장하도록 설계'하는 데에 있다. 불완전한 구조물 또는 작동하지 않는 기계를 설계하는 엔지니어는 나쁜 엔지니어(Bad Engineer)이다; 안전하고 작동하기는 하지만 불필요하게 비싸지도록 설계하는 엔지니어는 불쌍한 엔지니어(Poor Engineer)이고 그 이름에 걸맞게 대개 가난하다2); 그러나

2) (역자주) 영어의 poor는 1. 불쌍한 2. 안쓰러운 3. 가난한 등의 복합적 의미

적절한 비용으로 훌륭히 기능토록 설계하는 사람만이 진정한 또는 성공적인 엔지니어(Successful Engineer)이다; 가장 싼 비용으로 가장 훌륭한 설계를 할 수 있는 사람은 조만간 그 분야에서 두각을 나타낼 수 있을 것이며 그에 상응하는 대우를 받게 될 것이다."

내가 위의 인용문을 언급한 이유는 공장관리를 빠뜨릴 수 없는 핵심적인 요소로 포함시키고 있는 산업공학이라는 학문이, 단지 제품을 생산하는 데 그치지 않고, 의도된 품질수준을 유지하면서 가장 싼 가격으로 생산하는 것을 의미한다는 것을 강조하기 위해서이다. 이러한 결과를 달성하고자 하는 것이 테일러 박사가 오랫동안의 연구를 통하여 추구해온 소망사항이었다. 이하 그가 쓴 본문 - 아마도 산업공학과 관련된 문헌 중 가장 중요한 것이 될 - 에서 소개될 방법과 규칙들은 이 분야에 종사하는 사람들이 그들 자신의 문제해결에 이들 기법들을 적용할 수 있도록 의도되었다.

(중략) … 테일러 박사의 저술은 새로운 과학 - 기업경영의 과학 - 의 기초를 구체화시키고 있다. 이상적인 공학도는 가장 적은 비용으로 가장 훌륭한 일을 하는 사람이듯이, 최고의 경영자는 그 휘하에 있는 개개인이 최고로 능률적으로 일하고 그에 합당한 보수를 받도록 하여주는 사람이다. 테일러 박사는 이를 달성하기 위해서는 작업의 '계획과 실행의 분리' - 즉, 계획을 위해서는 적절한 지적능력을 갖춘 훈련된 전문가를, 또 실행을 위해서는 각자의 업무에 적합한 육체적 능력을 갖추었으며 전문가의 지도에 협조적인 사람들을 활용하는 것 - 가 필수적임을 명백히 보여주고 있다. 테일러 박사의 지도아래 이 같은 업무분담은 수없이 많은 경우에 있어 놀랄 만큼의 산출량 증가와 임금수준의 향상을 이룩하였다.

___

를 지니고 있다

우리는 모든 산업분야에서 인간의 노동을 절약하는 기계의 개발에 있어 미국이 다른 나라들을 선도함을 자랑스럽게 생각한다. 테일러 박사는 인간의 노동효율을 획기적으로 향상시키고, 그에 따라 노동자들의 임금수준을 크게 상승시키며, 또한 제품의 노무비는 절감시키는 방법을 제시하여 줌으로써 기계발명에 의한 성과를 배가시킬 수 있도록 하였다. 이 책에서 테일러 박사에 의해 개진되는 경험의 기록 및 그것으로부터 유도된 원리들은 고용주와 피고용인 할 것 없이 산업계의 모든 사람들에게 흥미를 불러일으키고 그들을 매료시킬 것이다.

왜냐하면 그 원리들은 생산성 향상과 임금향상을 위한 방향을 제시하여 주기 때문이다. 우리는 미국 전역에서 임금수준이 높은 것을 자랑스럽게 생각하며, 다른 나라들의 값싼 노동력으로 생산된 상품으로 인해 그것이 방해받는 것을 달갑지 않게 생각한다. 이러한 상황을 유지하고, 미국 시장을 우리가 계속 장악하며, 무엇보다도 다른 선진공업국의 상품과 경쟁해야 하는 외국시장에서 우리의 경쟁력을 높이려면, 우리는 우리의 생산효율을 증가시킬 수 있는 모든 방법을 강구하여야 한다. 이 같은 목표에 대한 테일러 박사의 공헌은 아주 근본적인 것이며 그 궁극적 효과는 헤아릴 수 없을 정도이다.

그의 기법들은 무한한 형태로 존재하는 모든 조직화된 산업체에 적용될 수 있는 것이다. 만약 현명하고 효과적으로 이용된다면 그것들은 우리 노동자들의 수입을 놀랄 만큼 향상시킬 것이다.

본 서문에 언급된 내용이 옳다고 확신하면서, 나는 우리 산업계의 모든 사람들이 테일러 박사가 개척하였으며 이하 본문에 그 원리가 수록된 새로운 과학 '과학적 관리'를 연구하여 많은 도움을 얻기를 바란다.

역자약력

서울대학교 공과대학 산업공학과 졸업
한국과학원 산업공학과 졸업(석사)
현대양행(현 두산중공업, 만도기계, 전신) 근무
버클리대학교(U.C. Berkeley) 공학박사
서울대학교 자동화시스템공동연구소 소장 역임
서울대학교 산업시스템혁신연구소 소장 역임
한국 시뮬레이션학회 회장 역임
한국 경영과학회 회장 역임
민관합동 스마트공장 추진단 단장 역임
서울대학교 산업공학과 교수 역임
현 서울대학교 공학전문대학원 교수

주요논문 및 특허

FMS, CIM, ERP, SCM 관련 학술연구논문 다수, 국책연구 다수
스마트공장 관련 특허 다수

보정판
과학적 관리의 원칙

초판발행	1994년 1월 20일
보정판발행	2020년 4월 20일
중판발행	2022년 9월 10일

지은이	F. W. Taylor
옮긴이	박진우
펴낸이	안종만 · 안상준

편 집	한두희
기획/마케팅	이영조
표지디자인	조아라
제 작	우인도 · 고철민

펴낸곳	(주)**박영사**
	서울특별시 금천구 가산디지털2로 53, 210호(가산동, 한라시그마밸리)
	등록 1959. 3. 11. 제300-1959-1호(倫)
전 화	02)733-6771
f a x	02)736-4818
e-mail	pys@pybook.co.kr
homepage	www.pybook.co.kr
ISBN	979-11-303-0615-5 03320

정 가   9,000원